中華人民共和國憲法

中華人民共和國香港特別行政區
基本法及相關法律文件

中華人民共和國憲法

中華人民共和國香港特別行政區
基本法及相關法律文件

三聯書店（香港）有限公司

書　　名　**中華人民共和國憲法**
　　　　　中華人民共和國香港特別行政區基本法及相關法律文件

出　　版　三聯書店（香港）有限公司
　　　　　香港北角英皇道 499 號北角工業大廈 20 樓
　　　　　JOINT PUBLISHING (H.K.) CO., LTD.
　　　　　20/F., North Point Industrial Building,
　　　　　499 King's Road, North Point, Hong Kong

香港發行　香港聯合書刊物流有限公司
　　　　　香港新界大埔汀麗路 36 號 3 字樓

印　　刷　中華商務聯合印刷（廣東）有限公司
　　　　　廣東省深圳市龍崗區平湖街道春湖工業區中華商務印刷大廈

版　　次　2018 年 3 月香港第一版第一次印刷
　　　　　2018 年 4 月香港第一版第四次印刷

規　　格　16 開（165 × 240 mm）240 面

國際書號　ISBN 978-962-04-4320-6
　　　　　© 2018 Joint Publishing (H.K.) Co., Ltd.
　　　　　Published in Hong Kong

目錄

香港特別行政區區旗、區徽圖案 85

全國人民代表大會常務委員會關於批准《中華人民共和國香港特別行政區基本法附件一香港特別行政區行政長官的產生辦法修正案》的決定（2010 年 8 月 28 日第十一屆全國人民代表大會常務委員會第十六次會議通過）...87

全國人民代表大會常務委員會公告〔十一屆〕第十五號 89

全國人民代表大會常務委員會關於《中華人民共和國香港特別行政區基本法》附件三所列全國性法律增減的決定

（1997 年 7 月 1 日第八屆全國人民代表大會常務委員會第二十六次會議通過）................91

全國人民代表大會常務委員會關於增加《中華人民共和國香港特別行政區基本法》附件三所列全國性法律的決定

（1998 年 11 月 4 日第九屆全國人民代表大會常務委員會第五次會議通過）....................92

全國人民代表大會常務委員會關於增加《中華人民共和國香港特別行政區基本法》附件三所列全國性法律的決定

（2005 年 10 月 27 日第十屆全國人民代表大會常務委員會第十八次會議通過）................93

第一部分

中華人民共和國憲法

中華人民共和國憲法

1982 年 12 月 4 日第五屆全國人民代表大會第五次會議通過

1982 年 12 月 4 日全國人民代表大會公告公佈施行

根據 1988 年 4 月 12 日第七屆全國人民代表大會第一次會議通過的《中華人民共和國憲法修正案》、1993 年 3 月 29 日第八屆全國人民代表大會第一次會議通過的《中華人民共和國憲法修正案》、1999 年 3 月 15 日第九屆全國人民代表大會第二次會議通過的《中華人民共和國憲法修正案》、2004 年 3 月 14 日第十屆全國人民代表大會第二次會議通過的《中華人民共和國憲法修正案》和 2018 年 3 月 11 日第十三屆全国人民代表大会第一次会議通過的《中華人民共和國憲法修正案》修正

目錄

序言

　　中國是世界上歷史最悠久的國家之一。中國各族人民共同創造了光輝燦爛的文化，具有光榮的革命傳統。

　　一八四〇年以後，封建的中國逐漸變成半殖民地、半封建的國家。中國人民為國家獨立、民族解放和民主自由進行了前仆後繼的英勇奮鬥。

　　二十世紀，中國發生了翻天覆地的偉大歷史變革。

　　一九一一年孫中山先生領導的辛亥革命，廢除了封建帝制，創立了中華民國。但是，中國人民反對帝國主義和封建主義的歷史任務還沒有完成。

　　一九四九年，以毛澤東主席為領袖的中國共產黨領導中國各族人民，在經歷了長期的艱難曲折的武裝鬥爭和其他形式的鬥爭以後，終於推翻了帝國主義、封建主義和官僚資本主義的統治，取得了新民主主義革命的偉大勝利，建立了中華人民共和國。從此，中國人民掌握了國家的權力，成為國家的主人。

　　中華人民共和國成立以後，我國社會逐步實現了由新民主主義到社會主義的過渡。生產資料私有制的社會主義改造已經完成，人剝削人的制度已經消滅，社會主義制度已經確立。工人階級領導的、以工農聯盟為基礎的人民民主專政，實質上即無產階級專政，得到鞏固和發展。中國人民和中國人民解放軍戰勝了帝國主義、霸權主義的侵略、破壞和武裝挑釁，維護了國家的獨立和安全，增強了國防。經濟建設取得了重大的成就，獨立的、比較完整的社會主義工業體系已經基本形成，農業生產顯著提高。教育、科學、文化等事業有了很大的發展，社會主義思想教育取得了明顯的成效。廣大人民的生活有了較大的改善。

中國新民主主義革命的勝利和社會主義事業的成就，是中國共產黨領導中國各族人民，在馬克思列寧主義、毛澤東思想的指引下，堅持真理，修正錯誤，戰勝許多艱難險阻而取得的。我國將長期處於社會主義初級階段。國家的根本任務是，沿着中國特色社會主義道路，集中力量進行社會主義現代化建設。中國各族人民將繼續在中國共產黨領導下，在馬克思列寧主義、毛澤東思想、鄧小平理論、"三個代表"重要思想、科學發展觀、習近平新時代中國特色社會主義思想指引下，堅持人民民主專政，堅持社會主義道路，堅持改革開放，不斷完善社會主義的各項制度，發展社會主義市場經濟，發展社會主義民主，健全社會主義法治，貫徹新發展理念，自力更生，艱苦奮鬥，逐步實現工業、農業、國防和科學技術的現代化，推動物質文明、政治文明、精神文明、社會文明、生態文明協調發展，把我國建設成為富強民主文明和諧美麗的社會主義現代化強國，實現中華民族偉大復興。

在我國，剝削階級作為階級已經消滅，但是階級鬥爭還將在一定範圍內長期存在。中國人民對敵視和破壞我國社會主義制度的國內外的敵對勢力和敵對分子，必須進行鬥爭。

台灣是中華人民共和國的神聖領土的一部分。完成統一祖國的大業是包括台灣同胞在內的全中國人民的神聖職責。

社會主義的建設事業必須依靠工人、農民和知識分子，團結一切可以團結的力量。在長期的革命、建設、改革過程中，已經結成由中國共產黨領導的，有各民主黨派和各人民團體參加的，包括全體社會主義勞動者、社會主義事業的建設者、擁護社會主義的愛國者、擁護祖國統一和致力於中華民族偉大復興的愛國者的廣泛的愛國統一戰線，這個統一戰線將繼續鞏固和發展。中國人民政治協商會議是有廣泛代表性的統一戰線組織，過去發揮了重要的歷史作用，今後在國家政治生活、社會生活和對外友好活動中，在進行社會主義現代化建設、維護國家的統一和團結的鬥爭中，將進一步發揮它的重要作用。中國共產黨領導的多黨合作和政治協商制度將長期存在和發展。

中華人民共和國是全國各族人民共同締造的統一的多民族國家。平等團結互助和諧的社會主義民族關係已經確立，並將繼續加強。在維護民族團結的鬥爭中，要反對大民族主義，主要是大漢族主義，也要反對地方民族主義。國家盡一切努力，促進全國各民族的共同繁榮。

中國革命、建設、改革的成就是同世界人民的支持分不開的。中國的前途是同世界的前途緊密地聯繫在一起的。中國堅持獨立自主的對外政策，堅持互相尊重主權和領土完整、互不侵犯、互不干涉內政、平等互利、和平共處的五項原則，堅持和平發展道路，堅持互利共贏開放戰略，發展同各國的外交關係和經濟、文化交流，推動構建人類命運共同體；堅持反對帝國主義、霸權主義、殖民主義，加強同世界各國人民的團結，支持被壓迫民族和發展中國家爭取和維護民族獨立、發展民族經濟的正義鬥爭，為維護世界和平和促進人類進步事業而努力。

本憲法以法律的形式確認了中國各族人民奮鬥的成果，規定了國家的根本制度和根本任務，是國家的根本法，具有最高的法律效力。全國各族人民、一切國家機關和武裝力量、各政黨和各社會團體、各企業事業組織，都必須以憲法為根本的活動準則，並且負有維護憲法尊嚴、保證憲法實施的職責。

第一章　總綱

第一條　中華人民共和國是工人階級領導的、以工農聯盟為基礎的人民民主專政的社會主義國家。

社會主義制度是中華人民共和國的根本制度。中國共產黨領導是中國特色社會主義最本質的特徵。禁止任何組織或者個人破壞社會主義制度。

第二條　中華人民共和國的一切權力屬於人民。

人民行使國家權力的機關是全國人民代表大會和地方各級人民代表大會。

人民依照法律規定，通過各種途徑和形式，管理國家事務，管理經濟和文化事業，管理社會事務。

第三條　中華人民共和國的國家機構實行民主集中制的原則。

全國人民代表大會和地方各級人民代表大會都由民主選舉產生，對人民負責，受人民監督。

國家行政機關、監察機關、審判機關、檢察機關都由人民代表大會產生，對它負責，受它監督。

中央和地方的國家機構職權的劃分，遵循在中央的統一領導下，充分發揮地方的主動性、積極性的原則。

第四條　中華人民共和國各民族一律平等。國家保障各少數民族的合法的權利和利益，維護和發展各民族的平等團結互助和諧關係。禁止對任何民族的歧視和壓迫，禁止破壞民族團結和製造民族分裂的行為。

國家根據各少數民族的特點和需要，幫助各少數民族地區加速經濟和文化的發展。

各少數民族聚居的地方實行區域自治，設立自治機關，行使自治權。各民族自治地方都是中華人民共和國不可分離的部分。

各民族都有使用和發展自己的語言文字的自由，都有保持或者改革自己的風俗習慣的自由。

第五條　中華人民共和國實行依法治國，建設社會主義法治國家。

國家維護社會主義法制的統一和尊嚴。

一切法律、行政法規和地方性法規都不得同憲法相抵觸。

一切國家機關和武裝力量、各政黨和各社會團體、各企業事業組織都必須遵守憲法和法律。一切違反憲法和法律的行為，必須予以追究。

任何組織或者個人都不得有超越憲法和法律的特權。

第六條　中華人民共和國的社會主義經濟制度的基礎是生產資料的社會主義公有制，即全民所有制和勞動群眾集體所有制。社會主義公有制消滅人剝削人的制度，實行各盡所能、按勞分配的原則。

國家在社會主義初級階段，堅持公有制為主體、多種所有制經濟共同發展的基本經濟制度，堅持按勞分配為主體、多種分配方式並存的分配制度。

第七條　國有經濟，即社會主義全民所有制經濟，是國民經濟中的主導力量。國家保障國有經濟的鞏固和發展。

第八條　農村集體經濟組織實行家庭承包經營為基礎、統分結合的雙層經營體制。農村中的生產、供銷、信用、消費等各種形式的合作經濟，是社會主義勞動群眾集體所有制經濟。參加農村集體經濟組織的勞動者，有權在法律規定的範圍內經營自留地、自留山、家庭副業和飼養自留畜。

城鎮中的手工業、工業、建築業、運輸業、商業、服務業等行業的各種形式的合作經濟，都是社會主義勞動群眾集體所有制經濟。

國家保護城鄉集體經濟組織的合法的權利和利益，鼓勵、指導和幫助集體經濟的發展。

第九條　礦藏、水流、森林、山嶺、草原、荒地、灘塗等自然資源，都屬於國家所有，即全民所有；由法律規定屬於集體所有的森林和山嶺、草原、荒地、灘塗除外。

國家保障自然資源的合理利用，保護珍貴的動物和植物。禁止任何組織或者個人用任何手段侵佔或者破壞自然資源。

第十條　城市的土地屬於國家所有。

農村和城市郊區的土地，除由法律規定屬於國家所有的以外，屬於集體所有；宅基地和自留地、自留山，也屬於集體所有。

國家為了公共利益的需要，可以依照法律規定對土地實行徵收或者徵用並給予補償。

任何組織或者個人不得侵佔、買賣或者以其他形式非法轉讓土地。土地的使用權可以依照法律的規定轉讓。

一切使用土地的組織和個人必須合理地利用土地。

第十一條 在法律規定範圍內的個體經濟、私營經濟等非公有制經濟，是社會主義市場經濟的重要組成部分。

國家保護個體經濟、私營經濟等非公有制經濟的合法的權利和利益。國家鼓勵、支持和引導非公有制經濟的發展，並對非公有制經濟依法實行監督和管理。

第十二條 社會主義的公共財產神聖不可侵犯。

國家保護社會主義的公共財產。禁止任何組織或者個人用任何手段侵佔或者破壞國家的和集體的財產。

第十三條 公民的合法的私有財產不受侵犯。

國家依照法律規定保護公民的私有財產權和繼承權。

國家為了公共利益的需要，可以依照法律規定對公民的私有財產實行徵收或者徵用並給予補償。

第十四條 國家通過提高勞動者的積極性和技術水平，推廣先進的科學技術，完善經濟管理體制和企業經營管理制度，實行各種形式的社會主義責任制，改進勞動組織，以不斷提高勞動生產率和經濟效益，發展社會生產力。

國家厲行節約，反對浪費。

國家合理安排積累和消費，兼顧國家、集體和個人的利益，在發展生產的基礎上，逐步改善人民的物質生活和文化生活。

國家建立健全同經濟發展水平相適應的社會保障制度。

第十五條　國家實行社會主義市場經濟。

國家加強經濟立法，完善宏觀調控。

國家依法禁止任何組織或者個人擾亂社會經濟秩序。

第十六條　國有企業在法律規定的範圍內有權自主經營。

國有企業依照法律規定，通過職工代表大會和其他形式，實行民主管理。

第十七條　集體經濟組織在遵守有關法律的前提下，有獨立進行經濟活動的自主權。

集體經濟組織實行民主管理，依照法律規定選舉和罷免管理人員，決定經營管理的重大問題。

第十八條　中華人民共和國允許外國的企業和其他經濟組織或者個人依照中華人民共和國法律的規定在中國投資，同中國的企業或者其他經濟組織進行各種形式的經濟合作。

在中國境內的外國企業和其他外國經濟組織以及中外合資經營的企業，都必須遵守中華人民共和國的法律。它們的合法的權利和利益受中華人民共和國法律的保護。

第十九條　國家發展社會主義的教育事業，提高全國人民的科學文化水平。

國家舉辦各種學校，普及初等義務教育，發展中等教育、職業教育和高等教育，並且發展學前教育。

國家發展各種教育設施，掃除文盲，對工人、農民、國家工作人員和其他勞動者進行政治、文化、科學、技術、業務的教育，鼓勵自學成才。

國家鼓勵集體經濟組織、國家企業事業組織和其他社會力量依照法律規定舉辦各種教育事業。

國家推廣全國通用的普通話。

第二十條　國家發展自然科學和社會科學事業，普及科學和技術知識，獎勵科學研究成果和技術發明創造。

第二十一條　國家發展醫療衛生事業，發展現代醫藥和我國傳統醫藥，鼓勵和支持農村集體經濟組織、國家企業事業組織和街道組織舉辦各種醫療衛生設施，開展群眾性的衛生活動，保護人民健康。

國家發展體育事業，開展群眾性的體育活動，增強人民體質。

第二十二條　國家發展為人民服務、為社會主義服務的文學藝術事業、新聞廣播電視事業、出版發行事業、圖書館博物館文化館和其他文化事業，開展群眾性的文化活動。

國家保護名勝古跡、珍貴文物和其他重要歷史文化遺產。

第二十三條　國家培養為社會主義服務的各種專業人才，擴大知識分子的隊伍，創造條件，充分發揮他們在社會主義現代化建設中的作用。

第二十四條　國家通過普及理想教育、道德教育、文化教育、紀律和法制教育，通過在城鄉不同範圍的群眾中制定和執行各種守則、公約，加強社會主義精神文明的建設。

國家倡導社會主義核心價值觀，提倡愛祖國、愛人民、愛勞動、愛科學、愛社會主義的公德，在人民中進行愛國主義、集體主義和國際主義、共產主義的教育，進行辯證唯物主義和歷史唯物主義的教育，反對資本主義的、封建主義的和其他的腐朽思想。

第二十五條　國家推行計劃生育，使人口的增長同經濟和社會發展計劃相適應。

第二十六條　國家保護和改善生活環境和生態環境，防治污染和其他公害。

國家組織和鼓勵植樹造林，保護林木。

第二十七條　一切國家機關實行精簡的原則，實行工作責任制，實行工作人員的培訓和考核制度，不斷提高工作質量和工作效率，反對官僚主義。

一切國家機關和國家工作人員必須依靠人民的支持，經常保持同人民的密切聯繫，傾聽人民的意見和建議，接受人民的監督，努力為人民服務。

國家工作人員就職時應當依照法律規定公開進行憲法宣誓。

第二十八條　國家維護社會秩序，鎮壓叛國和其他危害國家安全的犯罪活動，制裁危害社會治安、破壞社會主義經濟和其他犯罪的活動，懲辦和改造犯罪分子。

第二十九條　中華人民共和國的武裝力量屬於人民。它的任務是鞏固國防，抵抗侵略，保衛祖國，保衛人民的和平勞動，參加國家建設事業，努力為人民服務。

國家加強武裝力量的革命化、現代化、正規化的建設，增強國防力量。

第三十條　中華人民共和國的行政區域劃分如下：

（一）全國分為省、自治區、直轄市；

（二）省、自治區分為自治州、縣、自治縣、市；

（三）縣、自治縣分為鄉、民族鄉、鎮。

直轄市和較大的市分為區、縣。自治州分為縣、自治縣、市。

自治區、自治州、自治縣都是民族自治地方。

第三十一條　國家在必要時得設立特別行政區。在特別行政區內實行的制度按照具體情況由全國人民代表大會以法律規定。

第三十二條　中華人民共和國保護在中國境內的外國人的合法權利和利益，在中國境內的外國人必須遵守中華人民共和國的法律。

中華人民共和國對於因為政治原因要求避難的外國人，可以給予受庇護的權利。

第二章　公民的基本權利和義務

第三十三條　凡具有中華人民共和國國籍的人都是中華人民共和國公民。

中華人民共和國公民在法律面前一律平等。

國家尊重和保障人權。

任何公民享有憲法和法律規定的權利，同時必須履行憲法和法律規定的義務。

第三十四條　中華人民共和國年滿十八周歲的公民，不分民族、種族、性別、職業、家庭出身、宗教信仰、教育程度、財產狀況、居住期限，都有選舉權和被選舉權；但是依照法律被剝奪政治權利的人除外。

第三十五條　中華人民共和國公民有言論、出版、集會、結社、遊行、示威的自由。

第三十六條　中華人民共和國公民有宗教信仰自由。

任何國家機關、社會團體和個人不得強制公民信仰宗教或者不信仰宗教，不得歧視信仰宗教的公民和不信仰宗教的公民。

國家保護正常的宗教活動。任何人不得利用宗教進行破壞社會秩序、損害公民身體健康、妨礙國家教育制度的活動。

宗教團體和宗教事務不受外國勢力的支配。

第三十七條　中華人民共和國公民的人身自由不受侵犯。

任何公民，非經人民檢察院批准或者決定或者人民法院決定，並由公安機關執行，不受逮捕。

禁止非法拘禁和以其他方法非法剝奪或者限制公民的人身自由，禁止非法搜查公民的身體。

第三十八條　中華人民共和國公民的人格尊嚴不受侵犯。禁止用任何方法對公民進行侮辱、誹謗和誣告陷害。

第三十九條　中華人民共和國公民的住宅不受侵犯。禁止非法搜查或者非法侵入公民的住宅。

第四十條　中華人民共和國公民的通信自由和通信秘密受法律的保護。除因國家安全或者追查刑事犯罪的需要，由公安機關或者檢察機關依照法律規定的程序對通信進行檢查外，任何組織或者個人不得以任何理由侵犯公民的通信自由和通信秘密。

第四十一條　中華人民共和國公民對於任何國家機關和國家工作人員，有提出批評和建議的權利；對於任何國家機關和國家工作人員的違法失職行為，有向有關國家機關提出申訴、控告或者檢舉的權利，但是不得捏造或者歪曲事實進行誣告陷害。

對於公民的申訴、控告或者檢舉，有關國家機關必須查清事實，負責處理。任何人不得壓制和打擊報復。

由於國家機關和國家工作人員侵犯公民權利而受到損失的人，有依照法律規定取得賠償的權利。

第四十二條　中華人民共和國公民有勞動的權利和義務。

國家通過各種途徑，創造勞動就業條件，加強勞動保護，改善勞動條件，並在發展生產的基礎上，提高勞動報酬和福利待遇。

勞動是一切有勞動能力的公民的光榮職責。國有企業和城鄉集體經濟組織的勞動者都應當以國家主人翁的態度對待自己的勞動。國家提倡社會主義勞動競賽，獎勵勞動模範和先進工作者。國家提倡公民從事義務勞動。

國家對就業前的公民進行必要的勞動就業訓練。

第四十三條　中華人民共和國勞動者有休息的權利。

國家發展勞動者休息和休養的設施，規定職工的工作時間和休假制度。

第四十四條　國家依照法律規定實行企業事業組織的職工和國家機關工作人員的退休制度。退休人員的生活受到國家和社會的保障。

第四十五條　中華人民共和國公民在年老、疾病或者喪失勞動能力的情況下，有從國家和社會獲得物質幫助的權利。國家發展為公民享受這些權利所需要的社會保險、社會救濟和醫療衛生事業。

國家和社會保障殘廢軍人的生活，撫恤烈士家屬，優待軍人家屬。

國家和社會幫助安排盲、聾、啞和其他有殘疾的公民的勞動、生活和教育。

第四十六條　中華人民共和國公民有受教育的權利和義務。

國家培養青年、少年、兒童在品德、智力、體質等方面全面發展。

第四十七條　中華人民共和國公民有進行科學研究、文學藝術創作和其他文化活動的自由。國家對於從事教育、科學、技術、文學、藝術和其他文化事業的公民的有益於人民的創造性工作，給以鼓勵和幫助。

第四十八條　中華人民共和國婦女在政治的、經濟的、文化的、社會的和家庭的生活等各方面享有同男子平等的權利。

國家保護婦女的權利和利益，實行男女同工同酬，培養和選拔婦女幹部。

第四十九條　婚姻、家庭、母親和兒童受國家的保護。

夫妻雙方有實行計劃生育的義務。

父母有撫養教育未成年子女的義務，成年子女有贍養扶助父母的義務。

禁止破壞婚姻自由，禁止虐待老人、婦女和兒童。

第五十條　中華人民共和國保護華僑的正當的權利和利益，保護歸僑和僑眷的合法的權利和利益。

第五十一條　中華人民共和國公民在行使自由和權利的時候，不得損害國家的、社會的、集體的利益和其他公民的合法的自由和權利。

第五十二條　中華人民共和國公民有維護國家統一和全國各民族團結的義務。

第五十三條　中華人民共和國公民必須遵守憲法和法律，保守國家秘密，愛護公共財產，遵守勞動紀律，遵守公共秩序，尊重社會公德。

第五十四條　中華人民共和國公民有維護祖國的安全、榮譽和利益的義務，不得有危害祖國的安全、榮譽和利益的行為。

第五十五條　保衛祖國、抵抗侵略是中華人民共和國每一個公民的神聖職責。

依照法律服兵役和參加民兵組織是中華人民共和國公民的光榮義務。

第五十六條　中華人民共和國公民有依照法律納稅的義務。

第三章　國家機構

第一節　全國人民代表大會

第五十七條　中華人民共和國全國人民代表大會是最高國家權力機關。它的常設機關是全國人民代表大會常務委員會。

第五十八條　全國人民代表大會和全國人民代表大會常務委員會行使國家立法權。

第五十九條　全國人民代表大會由省、自治區、直轄市、特別行政區和軍隊選出的代表組成。各少數民族都應當有適當名額的代表。

全國人民代表大會代表的選舉由全國人民代表大會常務委員會主持。

全國人民代表大會代表名額和代表產生辦法由法律規定。

第六十條　全國人民代表大會每屆任期五年。

全國人民代表大會任期屆滿的兩個月以前，全國人民代表大會常務委員會必須完成下屆全國人民代表大會代表的選舉。如果遇到不能進行選舉的非常情況，由全國人民代表大會常務委員會以全體組成人員的三分之二以上的多數通過，可以推遲選舉，延長本屆全國人民代表大會的任期。在非常情況結束後一年內，必須完成下屆全國人民代表大會代表的選舉。

第六十一條　全國人民代表大會會議每年舉行一次，由全國人民代表大會常務委員會召集。如果全國人民代表大會常務委員會認為必要，或者有五分之一以上的全國人民代表大會代表提議，可以臨時召集全國人民代表大會會議。

全國人民代表大會舉行會議的時候，選舉主席團主持會議。

第六十二條　全國人民代表大會行使下列職權：

（一）修改憲法；

（二）監督憲法的實施；

（三）制定和修改刑事、民事、國家機構的和其他的基本法律；

（四）選舉中華人民共和國主席、副主席；

（五）根據中華人民共和國主席的提名，決定國務院總理的人選；根據國務院總理的提名，決定國務院副總理、國務委員、各部部長、各委員會主任、審計長、秘書長的人選；

（六）選舉中央軍事委員會主席；根據中央軍事委員會主席的提名，決定中央軍事委員會其他組成人員的人選；

（七）選舉國家監察委員會主任；

（八）選舉最高人民法院院長；

（九）選舉最高人民檢察院檢察長；

（十）審查和批准國民經濟和社會發展計劃和計劃執行情況的報告；

（十一）審查和批准國家的預算和預算執行情況的報告；

（十二）改變或者撤銷全國人民代表大會常務委員會不適當的決定；

（十三）批准省、自治區和直轄市的建置；

（十四）決定特別行政區的設立及其制度；

（十五）決定戰爭和和平的問題；

（十六）應當由最高國家權力機關行使的其他職權。

第六十三條　全國人民代表大會有權罷免下列人員：

（一）中華人民共和國主席、副主席；

（二）國務院總理、副總理、國務委員、各部部長、各委員會主任、審計長、秘書長；

（三）中央軍事委員會主席和中央軍事委員會其他組成人員；

（四）國家監察委員會主任；

（五）最高人民法院院長；

（六）最高人民檢察院檢察長。

第六十四條　憲法的修改，由全國人民代表大會常務委員會或者五分之一以上的全國人民代表大會代表提議，並由全國人民代表大會以全體代表的三分之二以上的多數通過。

法律和其他議案由全國人民代表大會以全體代表的過半數通過。

第六十五條　全國人民代表大會常務委員會由下列人員組成：

委員長，

副委員長若干人，

秘書長，

委員若干人。

全國人民代表大會常務委員會組成人員中，應當有適當名額的少數民族代表。

全國人民代表大會選舉並有權罷免全國人民代表大會常務委員會的組成人員。

全國人民代表大會常務委員會的組成人員不得擔任國家行政機關、監察機關、審判機關和檢察機關的職務。

第六十六條　全國人民代表大會常務委員會每屆任期同全國人民代表大會每屆任期相同，它行使職權到下屆全國人民代表大會選出新的常務委員會為止。

委員長、副委員長連續任職不得超過兩屆。

第六十七條　全國人民代表大會常務委員會行使下列職權：

（一）解釋憲法，監督憲法的實施；

（二）制定和修改除應當由全國人民代表大會制定的法律以外的其他法律；

（三）在全國人民代表大會閉會期間，對全國人民代表大會制定的法律進行部分補充和修改，但是不得同該法律的基本原則相抵觸；

（四）解釋法律；

（五）在全國人民代表大會閉會期間，審查和批准國民經濟和社會發展計劃、國家預算在執行過程中所必須作的部分調整方案；

（六）監督國務院、中央軍事委員會、國家監察委員會、最高人民法院和最高人民檢察院的工作；

（七）撤銷國務院制定的同憲法、法律相抵觸的行政法規、決定和命令；

（八）撤銷省、自治區、直轄市國家權力機關制定的同憲法、法律和行政法規相抵觸的地方性法規和決議；

（九）在全國人民代表大會閉會期間，根據國務院總理的提名，決定部長、委員會主任、審計長、秘書長的人選；

（十）在全國人民代表大會閉會期間，根據中央軍事委員會主席的提名，決定中央軍事委員會其他組成人員的人選；

（十一）根據國家監察委員會主任的提請，任免國家監察委員會副主任、委員；

（十二）根據最高人民法院院長的提請，任免最高人民法院副院長、審判員、審判委員會委員和軍事法院院長；

（十三）根據最高人民檢察院檢察長的提請，任免最高人民檢察院副檢察長、檢察員、檢察委員會委員和軍事檢察院檢察長，並且批准省、自治區、直轄市的人民檢察院檢察長的任免；

（十四）決定駐外全權代表的任免；

（十五）決定同外國締結的條約和重要協定的批准和廢除；

（十六）規定軍人和外交人員的銜級制度和其他專門銜級制度；

（十七）規定和決定授予國家的勳章和榮譽稱號；

（十八）決定特赦；

（十九）在全國人民代表大會閉會期間，如果遇到國家遭受武裝侵犯或者必須履行國際間共同防止侵略的條約的情況，決定戰爭狀態的宣佈；

（二十）決定全國總動員或者局部動員；

（二十一）決定全國或者個別省、自治區、直轄市進入緊急狀態；

（二十二）全國人民代表大會授予的其他職權。

第六十八條　全國人民代表大會常務委員會委員長主持全國人民代表大會常務委員會的工作，召集全國人民代表大會常務委員會會議。副委員長、秘書長協助委員長工作。

委員長、副委員長、秘書長組成委員長會議，處理全國人民代表大會常務委員會的重要日常工作。

第六十九條　全國人民代表大會常務委員會對全國人民代表大會負責並報告工作。

第七十條　全國人民代表大會設立民族委員會、憲法和法律委員會、財政經濟委員會、教育科學文化衛生委員會、外事委員會、華僑委員會和其他需要設立的專門委員會。在全國人民代表大會閉會期間，各專門委員會受全國人民代表大會常務委員會的領導。

各專門委員會在全國人民代表大會和全國人民代表大會常務委員會領導下，研究、審議和擬訂有關議案。

第七十一條　全國人民代表大會和全國人民代表大會常務委員會認為必要的時候，可以組織關於特定問題的調查委員會，並且根據調查委員會的報告，作出相應的決議。

調查委員會進行調查的時候，一切有關的國家機關、社會團體和公民都有義務向它提供必要的材料。

第七十二條　全國人民代表大會代表和全國人民代表大會常務委員會組成人員，有權依照法律規定的程序分別提出屬於全國人民代表大會和全國人民代表大會常務委員會職權範圍內的議案。

第七十三條　全國人民代表大會代表在全國人民代表大會開會期間，全國人民代表大會常務委員會組成人員在常務委員會開會期間，有權依照法律規定的程序提出對國務院或者國務院各部、各委員會的質詢案。受質詢的機關必須負責答覆。

第七十四條　全國人民代表大會代表，非經全國人民代表大會會議主席團許可，在全國人民代表大會閉會期間非經全國人民代表大會常務委員會許可，不受逮捕或者刑事審判。

第七十五條　全國人民代表大會代表在全國人民代表大會各種會議上的發言和表決，不受法律追究。

第七十六條　全國人民代表大會代表必須模範地遵守憲法和法律，保守國家秘密，並且在自己參加的生產、工作和社會活動中，協助憲法和法律的實施。

全國人民代表大會代表應當同原選舉單位和人民保持密切的聯繫，聽取和反映人民的意見和要求，努力為人民服務。

第七十七條　全國人民代表大會代表受原選舉單位的監督。原選舉單位有權依照法律規定的程序罷免本單位選出的代表。

第七十八條　全國人民代表大會和全國人民代表大會常務委員會的組織和工作程序由法律規定。

第二節　中華人民共和國主席

第七十九條　中華人民共和國主席、副主席由全國人民代表大會選舉。

有選舉權和被選舉權的年滿四十五周歲的中華人民共和國公民可以被選為中華人民共和國主席、副主席。

中華人民共和國主席、副主席每屆任期同全國人民代表大會每屆任期相同。

第八十條　中華人民共和國主席根據全國人民代表大會的決定和全國人民代表大會常務委員會的決定，公佈法律，任免國務院總理、副總理、國務委員、各部部長、各委員會主任、審計長、秘書長，授予國家的勳章和榮譽稱號，發佈特赦令，宣佈進入緊急狀態，宣佈戰爭狀態，發佈動員令。

第八十一條　中華人民共和國主席代表中華人民共和國，進行國事活動，接受外國使節；根據全國人民代表大會常務委員會的決定，派遣和召回駐外全權代表，批准和廢除同外國締結的條約和重要協定。

第八十二條　中華人民共和國副主席協助主席工作。

中華人民共和國副主席受主席的委託，可以代行主席的部分職權。

第八十三條　中華人民共和國主席、副主席行使職權到下屆全國人民代表大會選出的主席、副主席就職為止。

第八十四條　中華人民共和國主席缺位的時候，由副主席繼任主席的職位。

中華人民共和國副主席缺位的時候，由全國人民代表大會補選。

中華人民共和國主席、副主席都缺位的時候，由全國人民代表大會補選；在補選以前，由全國人民代表大會常務委員會委員長暫時代理主席職位。

第三節　國務院

第八十五條　中華人民共和國國務院，即中央人民政府，是最高國家權力機關的執行機關，是最高國家行政機關。

第八十六條　國務院由下列人員組成：

總理，

副總理若干人，

國務委員若干人，

各部部長，

各委員會主任，

審計長，

秘書長。

國務院實行總理負責制。各部、各委員會實行部長、主任負責制。

國務院的組織由法律規定。

第八十七條　國務院每屆任期同全國人民代表大會每屆任期相同。

總理、副總理、國務委員連續任職不得超過兩屆。

第八十八條　總理領導國務院的工作。副總理、國務委員協助總理工作。

總理、副總理、國務委員、秘書長組成國務院常務會議。

總理召集和主持國務院常務會議和國務院全體會議。

第八十九條　國務院行使下列職權：

（一）根據憲法和法律，規定行政措施，制定行政法規，發佈決定和命令；

（二）向全國人民代表大會或者全國人民代表大會常務委員會提出議案；

（三）規定各部和各委員會的任務和職責，統一領導各部和各委員會的工作，並且領導不屬於各部和各委員會的全國性的行政工作；

（四）統一領導全國地方各級國家行政機關的工作，規定中央和省、自治區、直轄市的國家行政機關的職權的具體劃分；

（五）編制和執行國民經濟和社會發展計劃和國家預算；

（六）領導和管理經濟工作和城鄉建設、生態文明建設；

（七）領導和管理教育、科學、文化、衛生、體育和計劃生育工作；

（八）領導和管理民政、公安、司法行政等工作；

（九）管理對外事務，同外國締結條約和協定；

（十）領導和管理國防建設事業；

（十一）領導和管理民族事務，保障少數民族的平等權利和民族自治地方的自治權利；

（十二）保護華僑的正當的權利和利益，保護歸僑和僑眷的合法的權利和利益；

（十三）改變或者撤銷各部、各委員會發佈的不適當的命令、指示和規章；

（十四）改變或者撤銷地方各級國家行政機關的不適當的決定和命令；

（十五）批准省、自治區、直轄市的區域劃分，批准自治州、縣、自治縣、市的建置和區域劃分；

（十六）依照法律規定決定省、自治區、直轄市的範圍內部分地區進入緊急狀態；

（十七）審定行政機構的編制，依照法律規定任免、培訓、考核和獎懲行政人員；

（十八）全國人民代表大會和全國人民代表大會常務委員會授予的其他職權。

第九十條　國務院各部部長、各委員會主任負責本部門的工作；召集和主持部務會議或者委員會會議、委務會議，討論決定本部門工作的重大問題。

各部、各委員會根據法律和國務院的行政法規、決定、命令，在本部門的權限內，發佈命令、指示和規章。

第九十一條　國務院設立審計機關，對國務院各部門和地方各級政府的財政收支，對國家的財政金融機構和企業事業組織的財務收支，進行審計監督。

審計機關在國務院總理領導下，依照法律規定獨立行使審計監督權，不受其他行政機關、社會團體和個人的干涉。

第九十二條　國務院對全國人民代表大會負責並報告工作；在全國人民代表大會閉會期間，對全國人民代表大會常務委員會負責並報告工作。

第四節　中央軍事委員會

第九十三條　中華人民共和國中央軍事委員會領導全國武裝力量。

中央軍事委員會由下列人員組成：

主席，

副主席若干人，

委員若干人。

中央軍事委員會實行主席負責制。

中央軍事委員會每屆任期同全國人民代表大會每屆任期相同。

第九十四條　中央軍事委員會主席對全國人民代表大會和全國人民代表大會常務委員會負責。

第五節　地方各級人民代表大會和地方各級人民政府

第九十五條　省、直轄市、縣、市、市轄區、鄉、民族鄉、鎮設立人民代表大會和人民政府。

地方各級人民代表大會和地方各級人民政府的組織由法律規定。

自治區、自治州、自治縣設立自治機關。自治機關的組織和工作根據憲法第三章第五節、第六節規定的基本原則由法律規定。

第九十六條　地方各級人民代表大會是地方國家權力機關。

縣級以上的地方各級人民代表大會設立常務委員會。

第九十七條　省、直轄市、設區的市的人民代表大會代表由下一級的人民代表大會選舉；縣、不設區的市、市轄區、鄉、民族鄉、鎮的人民代表大會代表由選民直接選舉。

地方各級人民代表大會代表名額和代表產生辦法由法律規定。

第九十八條　地方各級人民代表大會每屆任期五年。

第九十九條　地方各級人民代表大會在本行政區域內，保證憲法、法律、行政法規的遵守和執行；依照法律規定的權限，通過和發佈決議，審查和決定地方的經濟建設、文化建設和公共事業建設的計劃。

縣級以上的地方各級人民代表大會審查和批准本行政區域內的國民經濟和社會發展計劃、預算以及它們的執行情況的報告；有權改變或者撤銷本級人民代表大會常務委員會不適當的決定。

民族鄉的人民代表大會可以依照法律規定的權限採取適合民族特

點的具體措施。

第一百條　省、直轄市的人民代表大會和它們的常務委員會，在不同憲法、法律、行政法規相抵觸的前提下，可以制定地方性法規，報全國人民代表大會常務委員會備案。

設區的市的人民代表大會和它們的常務委員會，在不同憲法、法律、行政法規和本省、自治區的地方性法規相抵觸的前提下，可以依照法律規定制定地方性法規，報本省、自治區人民代表大會常務委員會批准後施行。

第一百零一條　地方各級人民代表大會分別選舉並且有權罷免本級人民政府的省長和副省長、市長和副市長、縣長和副縣長、區長和副區長、鄉長和副鄉長、鎮長和副鎮長。

縣級以上的地方各級人民代表大會選舉並且有權罷免本級監察委員會主任、本級人民法院院長和本級人民檢察院檢察長。選出或者罷免人民檢察院檢察長，須報上級人民檢察院檢察長提請該級人民代表大會常務委員會批准。

第一百零二條　省、直轄市、設區的市的人民代表大會代表受原選舉單位的監督；縣、不設區的市、市轄區、鄉、民族鄉、鎮的人民代表大會代表受選民的監督。

地方各級人民代表大會代表的選舉單位和選民有權依照法律規定的程序罷免由他們選出的代表。

第一百零三條　縣級以上的地方各級人民代表大會常務委員會由主任、副主任若干人和委員若干人組成，對本級人民代表大會負責並報告工作。

縣級以上的地方各級人民代表大會選舉並有權罷免本級人民代表大會常務委員會的組成人員。

縣級以上的地方各級人民代表大會常務委員會的組成人員不得擔任國家行政機關、監察機關、審判機關和檢察機關的職務。

第一百零四條　縣級以上的地方各級人民代表大會常務委員會討論、決定本行政區域內各方面工作的重大事項；監督本級人民政府、監察委員會、人民法院和人民檢察院的工作；撤銷本級人民政府的不適當的決定和命令；撤銷下一級人民代表大會的不適當的決議；依照法律規定的權限決定國家機關工作人員的任免；在本級人民代表大會閉會期間，罷免和補選上一級人民代表大會的個別代表。

第一百零五條　地方各級人民政府是地方各級國家權力機關的執行機關，是地方各級國家行政機關。

地方各級人民政府實行省長、市長、縣長、區長、鄉長、鎮長負責制。

第一百零六條　地方各級人民政府每屆任期同本級人民代表大會每屆任期相同。

第一百零七條　縣級以上地方各級人民政府依照法律規定的權限，管理本行政區域內的經濟、教育、科學、文化、衛生、體育事業、城鄉建設事業和財政、民政、公安、民族事務、司法行政、計劃生育等行政工作，發佈決定和命令，任免、培訓、考核和獎懲行政工作人員。

鄉、民族鄉、鎮的人民政府執行本級人民代表大會的決議和上級國家行政機關的決定和命令，管理本行政區域內的行政工作。

省、直轄市的人民政府決定鄉、民族鄉、鎮的建置和區域劃分。

第一百零八條　縣級以上的地方各級人民政府領導所屬各工作部門和下級人民政府的工作，有權改變或者撤銷所屬各工作部門和下級人民政府的不適當的決定。

第一百零九條　縣級以上的地方各級人民政府設立審計機關。地方各級審計機關依照法律規定獨立行使審計監督權，對本級人民政府和上一級審計機關負責。

第一百一十條　地方各級人民政府對本級人民代表大會負責並報告工作。縣級以上的地方各級人民政府在本級人民代表大會閉會期間，對本級人民代表大會常務委員會負責並報告工作。

地方各級人民政府對上一級國家行政機關負責並報告工作。全國地方各級人民政府都是國務院統一領導下的國家行政機關，都服從國務院。

第一百一十一條　城市和農村按居民居住地區設立的居民委員會或者村民委員會是基層群眾性自治組織。居民委員會、村民委員會的主任、副主任和委員由居民選舉。居民委員會、村民委員會同基層政權的相互關係由法律規定。

居民委員會、村民委員會設人民調解、治安保衛、公共衛生等委員會，辦理本居住地區的公共事務和公益事業，調解民間糾紛，協助維護社會治安，並且向人民政府反映群眾的意見、要求和提出建議。

第六節　民族自治地方的自治機關

　　第一百一十二條　民族自治地方的自治機關是自治區、自治州、自治縣的人民代表大會和人民政府。

　　第一百一十三條　自治區、自治州、自治縣的人民代表大會中，除實行區域自治的民族的代表外，其他居住在本行政區域內的民族也應當有適當名額的代表。

　　自治區、自治州、自治縣的人民代表大會常務委員會中應當有實行區域自治的民族的公民擔任主任或者副主任。

　　第一百一十四條　自治區主席、自治州州長、自治縣縣長由實行區域自治的民族的公民擔任。

　　第一百一十五條　自治區、自治州、自治縣的自治機關行使憲法第三章第五節規定的地方國家機關的職權，同時依照憲法、民族區域自治法和其他法律規定的權限行使自治權，根據本地方實際情況貫徹執行國家的法律、政策。

　　第一百一十六條　民族自治地方的人民代表大會有權依照當地民族的政治、經濟和文化的特點，制定自治條例和單行條例。自治區的自治條例和單行條例，報全國人民代表大會常務委員會批准後生效。自治州、自治縣的自治條例和單行條例，報省或者自治區的人民代表大會常務委員會批准後生效，並報全國人民代表大會常務委員會備案。

　　第一百一十七條　民族自治地方的自治機關有管理地方財政的自

治權。凡是依照國家財政體制屬於民族自治地方的財政收入，都應當由民族自治地方的自治機關自主地安排使用。

第一百一十八條　民族自治地方的自治機關在國家計劃的指導下，自主地安排和管理地方性的經濟建設事業。

國家在民族自治地方開發資源、建設企業的時候，應當照顧民族自治地方的利益。

第一百一十九條　民族自治地方的自治機關自主地管理本地方的教育、科學、文化、衛生、體育事業，保護和整理民族的文化遺產，發展和繁榮民族文化。

第一百二十條　民族自治地方的自治機關依照國家的軍事制度和當地的實際需要，經國務院批准，可以組織本地方維護社會治安的公安部隊。

第一百二十一條　民族自治地方的自治機關在執行職務的時候，依照本民族自治地方自治條例的規定，使用當地通用的一種或者幾種語言文字。

第一百二十二條　國家從財政、物資、技術等方面幫助各少數民族加速發展經濟建設和文化建設事業。

國家幫助民族自治地方從當地民族中大量培養各級幹部、各種專業人才和技術工人。

第七節　監察委員會

第一百二十三條　中華人民共和國各級監察委員會是國家的監察機關。

第一百二十四條　中華人民共和國設立國家監察委員會和地方各級監察委員會。

監察委員會由下列人員組成：

主任，

副主任若干人，

委員若干人。

監察委員會主任每屆任期同本級人民代表大會每屆任期相同。國家監察委員會主任連續任職不得超過兩屆。

監察委員會的組織和職權由法律規定。

第一百二十五條　中華人民共和國國家監察委員會是最高監察機關。

國家監察委員會領導地方各級監察委員會的工作，上級監察委員會領導下級監察委員會的工作。

第一百二十六條　國家監察委員會對全國人民代表大會和全國人民代表大會常務委員會負責。地方各級監察委員會對產生它的國家權力機關和上一級監察委員會負責。

第一百二十七條　監察委員會依照法律規定獨立行使監察權，不受行政機關、社會團體和個人的干涉。

監察機關辦理職務違法和職務犯罪案件，應當與審判機關、檢察機關、執法部門互相配合，互相制約。

第八節　人民法院和人民檢察院

第一百二十八條　中華人民共和國人民法院是國家的審判機關。

第一百二十九條　中華人民共和國設立最高人民法院、地方各級人民法院和軍事法院等專門人民法院。

最高人民法院院長每屆任期同全國人民代表大會每屆任期相同，連續任職不得超過兩屆。

人民法院的組織由法律規定。

第一百三十條　人民法院審理案件，除法律規定的特別情況外，一律公開進行。被告人有權獲得辯護。

第一百三十一條　人民法院依照法律規定獨立行使審判權，不受行政機關、社會團體和個人的干涉。

第一百三十二條　最高人民法院是最高審判機關。

最高人民法院監督地方各級人民法院和專門人民法院的審判工作，上級人民法院監督下級人民法院的審判工作。

第一百三十三條　最高人民法院對全國人民代表大會和全國人民代表大會常務委員會負責。地方各級人民法院對產生它的國家權力機關負責。

第一百三十四條　中華人民共和國人民檢察院是國家的法律監督

機關。

第一百三十五條　中華人民共和國設立最高人民檢察院、地方各級人民檢察院和軍事檢察院等專門人民檢察院。

最高人民檢察院檢察長每屆任期同全國人民代表大會每屆任期相同，連續任職不得超過兩屆。

人民檢察院的組織由法律規定。

第一百三十六條　人民檢察院依照法律規定獨立行使檢察權，不受行政機關、社會團體和個人的干涉。

第一百三十七條　最高人民檢察院是最高檢察機關。

最高人民檢察院領導地方各級人民檢察院和專門人民檢察院的工作，上級人民檢察院領導下級人民檢察院的工作。

第一百三十八條　最高人民檢察院對全國人民代表大會和全國人民代表大會常務委員會負責。地方各級人民檢察院對產生它的國家權力機關和上級人民檢察院負責。

第一百三十九條　各民族公民都有用本民族語言文字進行訴訟的權利。人民法院和人民檢察院對於不通曉當地通用的語言文字的訴訟參與人，應當為他們翻譯。

在少數民族聚居或者多民族共同居住的地區，應當用當地通用的語言進行審理；起訴書、判決書、佈告和其他文書應當根據實際需要使用當地通用的一種或者幾種文字。

第一百四十條　人民法院、人民檢察院和公安機關辦理刑事案件，應當分工負責，互相配合，互相制約，以保證準確有效地執行法律。

第四章　國旗、國歌、國徽、首都

第一百四十一條　中華人民共和國國旗是五星紅旗。

中華人民共和國國歌是《義勇軍進行曲》。

第一百四十二條　中華人民共和國國徽，中間是五星照耀下的天安門，周圍是穀穗和齒輪。

第一百四十三條　中華人民共和國首都是北京。

第二部分

中華人民共和國香港特別行政區
基本法及其相關修訂和解釋

中華人民共和國主席令

第二十六號

　　《中華人民共和國香港特別行政區基本法》，包括附件一：《香港特別行政區行政長官的產生辦法》，附件二：《香港特別行政區立法會的產生辦法和表決程序》，附件三：《在香港特別行政區實施的全國性法律》，以及香港特別行政區區旗、區徽圖案，已由中華人民共和國第七屆全國人民代表大會第三次會議於 1990 年 4 月 4 日通過，現予公佈，自 1997 年 7 月 1 日起實施。

　　　　　　　　　　　　　中華人民共和國主席　楊尚昆

　　　　　　　　　　　　　　　　　1990 年 4 月 4 日

中華人民共和國
香港特別行政區基本法

1990 年 4 月 4 日第七屆全國人民代表大會

第三次會議通過

序言

　　香港自古以來就是中國的領土，一八四○年鴉片戰爭以後被英國佔領。一九八四年十二月十九日，中英兩國政府簽署了關於香港問題的聯合聲明，確認中華人民共和國政府於一九九七年七月一日恢復對香港行使主權，從而實現了長期以來中國人民收回香港的共同願望。

　　為了維護國家的統一和領土完整，保持香港的繁榮和穩定，並考慮到香港的歷史和現實情況，國家決定，在對香港恢復行使主權時，根據中華人民共和國憲法第三十一條的規定，設立香港特別行政區，並按照"一個國家，兩種制度"的方針，不在香港實行社會主義的制度和政策。國家對香港的基本方針政策，已由中國政府在中英聯合聲明中予以闡明。

　　根據中華人民共和國憲法，全國人民代表大會特制定中華人民共和國香港特別行政區基本法，規定香港特別行政區實行的制度，以保障國家對香港的基本方針政策的實施。

第一章　總則

第一條　香港特別行政區是中華人民共和國不可分離的部分。

第二條　全國人民代表大會授權香港特別行政區依照本法的規定實行高度自治，享有行政管理權、立法權、獨立的司法權和終審權。

第三條　香港特別行政區的行政機關和立法機關由香港永久性居民依照本法有關規定組成。

第四條　香港特別行政區依法保障香港特別行政區居民和其他人的權利和自由。

第五條　香港特別行政區不實行社會主義制度和政策，保持原有的資本主義制度和生活方式，五十年不變。

第六條　香港特別行政區依法保護私有財產權。

第七條　香港特別行政區境內的土地和自然資源屬於國家所有，由香港特別行政區政府負責管理、使用、開發、出租或批給個人、法人或團體使用或開發，其收入全歸香港特別行政區政府支配。

第八條　香港原有法律，即普通法、衡平法、條例、附屬立法和習慣法，除同本法相抵觸或經香港特別行政區的立法機關作出修改者外，予以保留。

第九條　香港特別行政區的行政機關、立法機關和司法機關，除使用中文外，還可使用英文，英文也是正式語文。

第十條　香港特別行政區除懸掛中華人民共和國國旗和國徽外，還可使用香港特別行政區區旗和區徽。

香港特別行政區的區旗是五星花蕊的紫荊花紅旗。

香港特別行政區的區徽，中間是五星花蕊的紫荊花，周圍寫有"中華人民共和國香港特別行政區"和英文"香港"。

第十一條　根據中華人民共和國憲法第三十一條，香港特別行政區的制度和政策，包括社會、經濟制度，有關保障居民的基本權利和自由的制度，行政管理、立法和司法方面的制度，以及有關政策，均以本法的規定為依據。

香港特別行政區立法機關制定的任何法律，均不得同本法相抵觸。

第二章　中央和香港特別行政區的關係

第十二條　香港特別行政區是中華人民共和國的一個享有高度自治權的地方行政區域，直轄於中央人民政府。

第十三條　中央人民政府負責管理與香港特別行政區有關的外交事務。

中華人民共和國外交部在香港設立機構處理外交事務。

中央人民政府授權香港特別行政區依照本法自行處理有關的對外事務。

第十四條　中央人民政府負責管理香港特別行政區的防務。

香港特別行政區政府負責維持香港特別行政區的社會治安。

中央人民政府派駐香港特別行政區負責防務的軍隊不干預香港特別行政區的地方事務。香港特別行政區政府在必要時，可向中央人民政府請求駐軍協助維持社會治安和救助災害。

駐軍人員除須遵守全國性的法律外，還須遵守香港特別行政區的法律。

駐軍費用由中央人民政府負擔。

第十五條　中央人民政府依照本法第四章的規定任命香港特別行政區行政長官和行政機關的主要官員。

第十六條　香港特別行政區享有行政管理權，依照本法的有關規定自行處理香港特別行政區的行政事務。

第十七條　香港特別行政區享有立法權。

香港特別行政區的立法機關制定的法律須報全國人民代表大會常務委員會備案。備案不影響該法律的生效。

全國人民代表大會常務委員會在徵詢其所屬的香港特別行政區基本法委員會後，如認為香港特別行政區立法機關制定的任何法律不符合本法關於中央管理的事務及中央和香港特別行政區的關係的條款，可將有關法律發回，但不作修改。經全國人民代表大會常務委員會發回的法律立即失效。該法律的失效，除香港特別行政區的法律另有規定外，無溯及力。

第十八條　在香港特別行政區實行的法律為本法以及本法第八條規定的香港原有法律和香港特別行政區立法機關制定的法律。

全國性法律除列於本法附件三者外，不在香港特別行政區實施。凡列於本法附件三之法律，由香港特別行政區在當地公佈或立法實施。

全國人民代表大會常務委員會在徵詢其所屬的香港特別行政區基本法委員會和香港特別行政區政府的意見後，可對列於本法附件三的法律作出增減，任何列入附件三的法律，限於有關國防、外交和其他按本法規定不屬於香港特別行政區自治範圍的法律。

全國人民代表大會常務委員會決定宣佈戰爭狀態或因香港特別行政區內發生香港特別行政區政府不能控制的危及國家統一或安全的動亂而決定香港特別行政區進入緊急狀態，中央人民政府可發佈命令將有關全國性法律在香港特別行政區實施。

第十九條　香港特別行政區享有獨立的司法權和終審權。

香港特別行政區法院除繼續保持香港原有法律制度和原則對法院審判權所作的限制外，對香港特別行政區所有的案件均有審判權。

香港特別行政區法院對國防、外交等國家行為無管轄權。香港特別行政區法院在審理案件中遇有涉及國防、外交等國家行為的事實問題，應取得行政長官就該等問題發出的證明文件，上述文件對法院有約束力。行政長官在發出證明文件前，須取得中央人民政府的證明書。

第二十條　香港特別行政區可享有全國人民代表大會和全國人民代表大會常務委員會及中央人民政府授予的其他權力。

第二十一條　香港特別行政區居民中的中國公民依法參與國家事

務的管理。

根據全國人民代表大會確定的名額和代表產生辦法，由香港特別行政區居民中的中國公民在香港選出香港特別行政區的全國人民代表大會代表，參加最高國家權力機關的工作。

第二十二條　中央人民政府所屬各部門、各省、自治區、直轄市均不得干預香港特別行政區根據本法自行管理的事務。

中央各部門、各省、自治區、直轄市如需在香港特別行政區設立機構，須徵得香港特別行政區政府同意並經中央人民政府批准。

中央各部門、各省、自治區、直轄市在香港特別行政區設立的一切機構及其人員均須遵守香港特別行政區的法律。

中國其他地區的人進入香港特別行政區須辦理批准手續，其中進入香港特別行政區定居的人數由中央人民政府主管部門徵求香港特別行政區政府的意見後確定。

香港特別行政區可在北京設立辦事機構。

第二十三條　香港特別行政區應自行立法禁止任何叛國、分裂國家、煽動叛亂、顛覆中央人民政府及竊取國家機密的行為，禁止外國的政治性組織或團體在香港特別行政區進行政治活動，禁止香港特別行政區的政治性組織或團體與外國的政治性組織或團體建立聯繫。

第三章　居民的基本權利和義務

第二十四條　香港特別行政區居民，簡稱香港居民，包括永久性居民和非永久性居民。

香港特別行政區永久性居民為：

（一）在香港特別行政區成立以前或以後在香港出生的中國公民；

（二）在香港特別行政區成立以前或以後在香港通常居住連續七年以上的中國公民；

（三）第（一）、（二）兩項所列居民在香港以外所生的中國籍子女；

（四）在香港特別行政區成立以前或以後持有效旅行證件進入香港、在香港通常居住連續七年以上並以香港為永久居住地的非中國籍的人；

（五）在香港特別行政區成立以前或以後第（四）項所列居民在香港所生的未滿二十一周歲的子女；

（六）第（一）至（五）項所列居民以外在香港特別行政區成立以前只在香港有居留權的人。

以上居民在香港特別行政區享有居留權和有資格依照香港特別行政區法律取得載明其居留權的永久性居民身份證。

香港特別行政區非永久性居民為：有資格依照香港特別行政區法律取得香港居民身份證，但沒有居留權的人。

第二十五條　香港居民在法律面前一律平等。

第二十六條　香港特別行政區永久性居民依法享有選舉權和被選舉權。

第二十七條　香港居民享有言論、新聞、出版的自由，結社、集會、遊行、示威的自由，組織和參加工會、罷工的權利和自由。

第二十八條　香港居民的人身自由不受侵犯。

香港居民不受任意或非法逮捕、拘留、監禁。禁止任意或非法搜查居民的身體、剝奪或限制居民的人身自由。禁止對居民施行酷刑、任意或非法剝奪居民的生命。

第二十九條　香港居民的住宅和其他房屋不受侵犯。禁止任意或非法搜查、侵入居民的住宅和其他房屋。

第三十條　香港居民的通訊自由和通訊秘密受法律的保護。除因公共安全和追查刑事犯罪的需要，由有關機關依照法律程序對通訊進行檢查外，任何部門或個人不得以任何理由侵犯居民的通訊自由和通訊秘密。

第三十一條　香港居民有在香港特別行政區境內遷徙的自由，有移居其他國家和地區的自由。香港居民有旅行和出入境的自由。有效旅行證件的持有人，除非受到法律制止，可自由離開香港特別行政區，無需特別批准。

第三十二條　香港居民有信仰的自由。

香港居民有宗教信仰的自由，有公開傳教和舉行、參加宗教活動的自由。

第三十三條　香港居民有選擇職業的自由。

第三十四條　香港居民有進行學術研究、文學藝術創作和其他文化活動的自由。

第三十五條　香港居民有權得到秘密法律諮詢、向法院提起訴訟、選擇律師及時保護自己的合法權益或在法庭上為其代理和獲得司法補救。

香港居民有權對行政部門和行政人員的行為向法院提起訴訟。

第三十六條　香港居民有依法享受社會福利的權利。勞工的福利待遇和退休保障受法律保護。

第三十七條　香港居民的婚姻自由和自願生育的權利受法律保護。

第三十八條　香港居民享有香港特別行政區法律保障的其他權利和自由。

第三十九條　《公民權利和政治權利國際公約》、《經濟、社會與文化權利的國際公約》和國際勞工公約適用於香港的有關規定繼續有效，通過香港特別行政區的法律予以實施。

香港居民享有的權利和自由，除依法規定外不得限制，此種限制不得與本條第一款規定抵觸。

第四十條　"新界"原居民的合法傳統權益受香港特別行政區的保護。

第四十一條　在香港特別行政區境內的香港居民以外的其他人，依法享有本章規定的香港居民的權利和自由。

第四十二條　香港居民和在香港的其他人有遵守香港特別行政區實行的法律的義務。

第四章　政治體制

第一節　行政長官

第四十三條　香港特別行政區行政長官是香港特別行政區的首長，代表香港特別行政區。

香港特別行政區行政長官依照本法的規定對中央人民政府和香港特別行政區負責。

第四十四條　香港特別行政區行政長官由年滿四十周歲，在香港通常居住連續滿二十年並在外國無居留權的香港特別行政區永久性居民中的中國公民擔任。

第四十五條　香港特別行政區行政長官在當地通過選舉或協商產生，由中央人民政府任命。

行政長官的產生辦法根據香港特別行政區的實際情況和循序漸進的原則而規定，最終達至由一個有廣泛代表性的提名委員會按民主程序提名後普選產生的目標。

行政長官產生的具體辦法由附件一《香港特別行政區行政長官的產生辦法》規定。

第四十六條　香港特別行政區行政長官任期五年，可連任一次。

第四十七條　香港特別行政區行政長官必須廉潔奉公、盡忠職守。

行政長官就任時應向香港特別行政區終審法院首席法官申報財

產，記錄在案。

第四十八條　香港特別行政區行政長官行使下列職權：

（一）領導香港特別行政區政府；

（二）負責執行本法和依照本法適用於香港特別行政區的其他法律；

（三）簽署立法會通過的法案，公佈法律；

簽署立法會通過的財政預算案，將財政預算、決算報中央人民政府備案；

（四）決定政府政策和發佈行政命令；

（五）提名並報請中央人民政府任命下列主要官員：各司司長、副司長，各局局長，廉政專員，審計署署長，警務處處長，入境事務處處長，海關關長；建議中央人民政府免除上述官員職務；

（六）依照法定程序任免各級法院法官；

（七）依照法定程序任免公職人員；

（八）執行中央人民政府就本法規定的有關事務發出的指令；

（九）代表香港特別行政區政府處理中央授權的對外事務和其他事務；

（十）批准向立法會提出有關財政收入或支出的動議；

（十一）根據安全和重大公共利益的考慮，決定政府官員或其他負責政府公務的人員是否向立法會或其屬下的委員會作證和提供證據；

（十二）赦免或減輕刑事罪犯的刑罰；

（十三）　處理請願、申訴事項。

第四十九條　香港特別行政區行政長官如認為立法會通過的法案不符合香港特別行政區的整體利益，可在三個月內將法案發回立法會重議，立法會如以不少於全體議員三分之二多數再次通過原案，行政長官必須在一個月內簽署公佈或按本法第五十條的規定處理。

第五十條　香港特別行政區行政長官如拒絕簽署立法會再次通過的法案或立法會拒絕通過政府提出的財政預算案或其他重要法案，經協商仍不能取得一致意見，行政長官可解散立法會。

行政長官在解散立法會前，須徵詢行政會議的意見。行政長官在其一任任期內只能解散立法會一次。

第五十一條　香港特別行政區立法會如拒絕批准政府提出的財政預算案，行政長官可向立法會申請臨時撥款。如果由於立法會已被解散而不能批准撥款，行政長官可在選出新的立法會前的一段時期內，按上一財政年度的開支標準，批准臨時短期撥款。

第五十二條　香港特別行政區行政長官如有下列情況之一者必須辭職：

（一）　因嚴重疾病或其他原因無力履行職務；

（二）　因兩次拒絕簽署立法會通過的法案而解散立法會，重選的立法會仍以全體議員三分之二多數通過所爭議的原案，而行政長官仍拒絕簽署；

（三）　因立法會拒絕通過財政預算案或其他重要法案而解散立法會，重選的立法會繼續拒絕通過所爭議的原案。

第五十三條　香港特別行政區行政長官短期不能履行職務時，由政務司長、財政司長、律政司長依次臨時代理其職務。

行政長官缺位時，應在六個月內依本法第四十五條的規定產生新的行政長官。行政長官缺位期間的職務代理，依照上款規定辦理。

第五十四條　香港特別行政區行政會議是協助行政長官決策的機構。

第五十五條　香港特別行政區行政會議的成員由行政長官從行政機關的主要官員、立法會議員和社會人士中委任，其任免由行政長官決定。行政會議成員的任期應不超過委任他的行政長官的任期。

香港特別行政區行政會議成員由在外國無居留權的香港特別行政區永久性居民中的中國公民擔任。

行政長官認為必要時可邀請有關人士列席會議。

第五十六條　香港特別行政區行政會議由行政長官主持。

行政長官在作出重要決策、向立法會提交法案、制定附屬法規和解散立法會前，須徵詢行政會議的意見，但人事任免、紀律制裁和緊急情況下採取的措施除外。

行政長官如不採納行政會議多數成員的意見，應將具體理由記錄在案。

第五十七條　香港特別行政區設立廉政公署，獨立工作，對行政長官負責。

第五十八條　香港特別行政區設立審計署，獨立工作，對行政長官負責。

第二節 行政機關

第五十九條 香港特別行政區政府是香港特別行政區行政機關。

第六十條 香港特別行政區政府的首長是香港特別行政區行政長官。

香港特別行政區政府設政務司、財政司、律政司和各局、處、署。

第六十一條 香港特別行政區的主要官員由在香港通常居住連續滿十五年並在外國無居留權的香港特別行政區永久性居民中的中國公民擔任。

第六十二條 香港特別行政區政府行使下列職權：

（一）制定並執行政策；

（二）管理各項行政事務；

（三）辦理本法規定的中央人民政府授權的對外事務；

（四）編制並提出財政預算、決算；

（五）擬定並提出法案、議案、附屬法規；

（六）委派官員列席立法會並代表政府發言。

第六十三條 香港特別行政區律政司主管刑事檢察工作，不受任何干涉。

第六十四條 香港特別行政區政府必須遵守法律，對香港特別行政區立法會負責：執行立法會通過並已生效的法律；定期向立法會作施政報告；答覆立法會議員的質詢；徵稅和公共開支須經立法會批准。

第六十五條　原由行政機關設立諮詢組織的制度繼續保留。

第三節　立法機關

第六十六條　香港特別行政區立法會是香港特別行政區的立法機關。

第六十七條　香港特別行政區立法會由在外國無居留權的香港特別行政區永久性居民中的中國公民組成。但非中國籍的香港特別行政區永久性居民和在外國有居留權的香港特別行政區永久性居民也可以當選為香港特別行政區立法會議員，其所佔比例不得超過立法會全體議員的百分之二十。

第六十八條　香港特別行政區立法會由選舉產生。

立法會的產生辦法根據香港特別行政區的實際情況和循序漸進的原則而規定，最終達至全部議員由普選產生的目標。

立法會產生的具體辦法和法案、議案的表決程序由附件二《香港特別行政區立法會的產生辦法和表決程序》規定。

第六十九條　香港特別行政區立法會除第一屆任期為兩年外，每屆任期四年。

第七十條　香港特別行政區立法會如經行政長官依本法規定解散，須於三個月內依本法第六十八條的規定，重行選舉產生。

第七十一條　香港特別行政區立法會主席由立法會議員互選

產生。

香港特別行政區立法會主席由年滿四十周歲，在香港通常居住連續滿二十年並在外國無居留權的香港特別行政區永久性居民中的中國公民擔任。

第七十二條　香港特別行政區立法會主席行使下列職權：

（一）主持會議；

（二）決定議程，政府提出的議案須優先列入議程；

（三）決定開會時間；

（四）在休會期間可召開特別會議；

（五）應行政長官的要求召開緊急會議；

（六）立法會議事規則所規定的其他職權。

第七十三條　香港特別行政區立法會行使下列職權：

（一）根據本法規定並依照法定程序制定、修改和廢除法律；

（二）根據政府的提案，審核、通過財政預算；

（三）批准稅收和公共開支；

（四）聽取行政長官的施政報告並進行辯論；

（五）對政府的工作提出質詢；

（六）就任何有關公共利益問題進行辯論；

（七）同意終審法院法官和高等法院首席法官的任免；

（八）接受香港居民申訴並作出處理；

（九）如立法會全體議員的四分之一聯合動議，指控行政長官有嚴重違法或瀆職行為而不辭職，經立法會通過進行調查，立法會可委託終審法院首席法官負責組成獨立的調查委員會，並擔任主席。調查委員會負責進行調查，並向立法會提出報告。如該調查委員會認為有足夠證據構成上述指控，立法會以全體議員三分之二多數通過，可提出彈劾案，報請中央人民政府決定；

（十）在行使上述各項職權時，如有需要，可傳召有關人士出席作證和提供證據。

第七十四條　香港特別行政區立法會議員根據本法規定並依照法定程序提出法律草案，凡不涉及公共開支或政治體制或政府運作者，可由立法會議員個別或聯名提出。凡涉及政府政策者，在提出前必須得到行政長官的書面同意。

第七十五條　香港特別行政區立法會舉行會議的法定人數為不少於全體議員的二分之一。

立法會議事規則由立法會自行制定，但不得與本法相抵觸。

第七十六條　香港特別行政區立法會通過的法案，須經行政長官簽署、公佈，方能生效。

第七十七條　香港特別行政區立法會議員在立法會的會議上發言，不受法律追究。

第七十八條　香港特別行政區立法會議員在出席會議時和赴會途中不受逮捕。

第七十九條　香港特別行政區立法會議員如有下列情況之一，由立法會主席宣告其喪失立法會議員的資格：

（一）因嚴重疾病或其他情況無力履行職務；

（二）　未得到立法會主席的同意，連續三個月不出席會議而無合理解釋者；

（三）　喪失或放棄香港特別行政區永久性居民的身份；

（四）　接受政府的委任而出任公務人員；

（五）　破產或經法庭裁定償還債務而不履行；

（六）　在香港特別行政區區內或區外被判犯有刑事罪行，判處監禁一個月以上，並經立法會出席會議的議員三分之二通過解除其職務；

（七）　行為不檢或違反誓言而經立法會出席會議的議員三分之二通過譴責。

第四節　司法機關

第八十條　香港特別行政區各級法院是香港特別行政區的司法機關，行使香港特別行政區的審判權。

第八十一條　香港特別行政區設立終審法院、高等法院、區域法院、裁判署法庭和其他專門法庭。高等法院設上訴法庭和原訟法庭。

原在香港實行的司法體制，除因設立香港特別行政區終審法院而產生變化外，予以保留。

第八十二條　香港特別行政區的終審權屬於香港特別行政區終審法院。終審法院可根據需要邀請其他普通法適用地區的法官參加審判。

第八十三條　香港特別行政區各級法院的組織和職權由法律規定。

第八十四條　香港特別行政區法院依照本法第十八條所規定的適用於香港特別行政區的法律審判案件，其他普通法適用地區的司法判例可作參考。

第八十五條　香港特別行政區法院獨立進行審判，不受任何干涉，司法人員履行審判職責的行為不受法律追究。

第八十六條　原在香港實行的陪審制度的原則予以保留。

第八十七條　香港特別行政區的刑事訴訟和民事訴訟中保留原在香港適用的原則和當事人享有的權利。

任何人在被合法拘捕後，享有盡早接受司法機關公正審判的權利，未經司法機關判罪之前均假定無罪。

第八十八條　香港特別行政區法院的法官，根據當地法官和法律界及其他方面知名人士組成的獨立委員會推薦，由行政長官任命。

第八十九條　香港特別行政區法院的法官只有在無力履行職責或行為不檢的情況下，行政長官才可根據終審法院首席法官任命的不少於三名當地法官組成的審議庭的建議，予以免職。

香港特別行政區終審法院的首席法官只有在無力履行職責或行為不檢的情況下，行政長官才可任命不少於五名當地法官組成的審議庭進行審議，並可根據其建議，依照本法規定的程序，予以免職。

第九十條　香港特別行政區終審法院和高等法院的首席法官，應由在外國無居留權的香港特別行政區永久性居民中的中國公民擔任。

除本法第八十八條和第八十九條規定的程序外，香港特別行政區終審法院的法官和高等法院首席法官的任命或免職，還須由行政長官徵得立法會同意，並報全國人民代表大會常務委員會備案。

第九十一條　香港特別行政區法官以外的其他司法人員原有的任免制度繼續保持。

第九十二條　香港特別行政區的法官和其他司法人員，應根據其本人的司法和專業才能選用，並可從其他普通法適用地區聘用。

第九十三條　香港特別行政區成立前在香港任職的法官和其他司法人員均可留用，其年資予以保留，薪金、津貼、福利待遇和服務條件不低於原來的標準。

對退休或符合規定離職的法官和其他司法人員，包括香港特別行政區成立前已退休或離職者，不論其所屬國籍或居住地點，香港特別行政區政府按不低於原來的標準，向他們或其家屬支付應得的退休金、酬金、津貼和福利費。

第九十四條　香港特別行政區政府可參照原在香港實行的辦法，作出有關當地和外來的律師在香港特別行政區工作和執業的規定。

第九十五條　香港特別行政區可與全國其他地區的司法機關通過協商依法進行司法方面的聯繫和相互提供協助。

第九十六條　在中央人民政府協助或授權下，香港特別行政區政府可與外國就司法互助關係作出適當安排。

第五節 區域組織

第九十七條 香港特別行政區可設立非政權性的區域組織,接受香港特別行政區政府就有關地區管理和其他事務的諮詢,或負責提供文化、康樂、環境衛生等服務。

第九十八條 區域組織的職權和組成方法由法律規定。

第六節 公務人員

第九十九條 在香港特別行政區政府各部門任職的公務人員必須是香港特別行政區永久性居民。本法第一百零一條對外籍公務人員另有規定者或法律規定某一職級以下者不在此限。

公務人員必須盡忠職守,對香港特別行政區政府負責。

第一百條 香港特別行政區成立前在香港政府各部門,包括警察部門任職的公務人員均可留用,其年資予以保留,薪金、津貼、福利待遇和服務條件不低於原來的標準。

第一百零一條 香港特別行政區政府可任用原香港公務人員中的或持有香港特別行政區永久性居民身份證的英籍和其他外籍人士擔任政府部門的各級公務人員,但下列各職級的官員必須由在外國無居留權的香港特別行政區永久性居民中的中國公民擔任:各司司長、副司長,各局局長,廉政專員,審計署署長,警務處處長,入境事務處處長,海關關長。

香港特別行政區政府還可聘請英籍和其他外籍人士擔任政府部門的顧問，必要時並可從香港特別行政區以外聘請合格人員擔任政府部門的專門和技術職務。上述外籍人士只能以個人身份受聘，對香港特別行政區政府負責。

第一百零二條　對退休或符合規定離職的公務人員，包括香港特別行政區成立前退休或符合規定離職的公務人員，不論其所屬國籍或居住地點，香港特別行政區政府按不低於原來的標準向他們或其家屬支付應得的退休金、酬金、津貼和福利費。

第一百零三條　公務人員應根據其本人的資格、經驗和才能予以任用和提升，香港原有關於公務人員的招聘、僱用、考核、紀律、培訓和管理的制度，包括負責公務人員的任用、薪金、服務條件的專門機構，除有關給予外籍人員特權待遇的規定外，予以保留。

第一百零四條　香港特別行政區行政長官、主要官員、行政會議成員、立法會議員、各級法院法官和其他司法人員在就職時必須依法宣誓擁護中華人民共和國香港特別行政區基本法，效忠中華人民共和國香港特別行政區。

第五章　經濟

第一節　財政、金融、貿易和工商業

第一百零五條　香港特別行政區依法保護私人和法人財產的取

得、使用、處置和繼承的權利，以及依法徵用私人和法人財產時被徵用財產的所有人得到補償的權利。

徵用財產的補償應相當於該財產當時的實際價值，可自由兌換，不得無故遲延支付。

企業所有權和外來投資均受法律保護。

第一百零六條　香港特別行政區保持財政獨立。

香港特別行政區的財政收入全部用於自身需要，不上繳中央人民政府。

中央人民政府不在香港特別行政區徵稅。

第一百零七條　香港特別行政區的財政預算以量入為出為原則，力求收支平衡，避免赤字，並與本地生產總值的增長率相適應。

第一百零八條　香港特別行政區實行獨立的稅收制度。

香港特別行政區參照原在香港實行的低稅政策，自行立法規定稅種、稅率、稅收寬免和其他稅務事項。

第一百零九條　香港特別行政區政府提供適當的經濟和法律環境，以保持香港的國際金融中心地位。

第一百一十條　香港特別行政區的貨幣金融制度由法律規定。

香港特別行政區政府自行制定貨幣金融政策，保障金融企業和金融市場的經營自由，並依法進行管理和監督。

第一百一十一條　港元為香港特別行政區法定貨幣，繼續流通。

港幣的發行權屬於香港特別行政區政府。港幣的發行須有百分之百的準備金。港幣的發行制度和準備金制度，由法律規定。

香港特別行政區政府，在確知港幣的發行基礎健全和發行安排符合保持港幣穩定的目的的條件下，可授權指定銀行根據法定權限發行或繼續發行港幣。

第一百一十二條　香港特別行政區不實行外匯管制政策。港幣自由兌換。繼續開放外匯、黃金、證券、期貨等市場。

香港特別行政區政府保障資金的流動和進出自由。

第一百一十三條　香港特別行政區的外匯基金，由香港特別行政區政府管理和支配，主要用於調節港元匯價。

第一百一十四條　香港特別行政區保持自由港地位，除法律另有規定外，不徵收關稅。

第一百一十五條　香港特別行政區實行自由貿易政策，保障貨物、無形財產和資本的流動自由。

第一百一十六條　香港特別行政區為單獨的關稅地區。

香港特別行政區可以"中國香港"的名義參加《關稅和貿易總協定》、關於國際紡織品貿易安排等有關國際組織和國際貿易協定，包括優惠貿易安排。

香港特別行政區所取得的和以前取得仍繼續有效的出口配額、關稅優惠和達成的其他類似安排，全由香港特別行政區享有。

第一百一十七條　香港特別行政區根據當時的產地規則，可對產品簽發產地來源證。

第一百一十八條　香港特別行政區政府提供經濟和法律環境，鼓勵各項投資、技術進步並開發新興產業。

第一百一十九條　香港特別行政區政府制定適當政策，促進和協調製造業、商業、旅遊業、房地產業、運輸業、公用事業、服務性行業、漁農業等各行業的發展，並注意環境保護。

第二節　土地契約

第一百二十條　香港特別行政區成立以前已批出、決定、或續期的超越一九九七年六月三十日年期的所有土地契約和與土地契約有關的一切權利，均按香港特別行政區的法律繼續予以承認和保護。

第一百二十一條　從一九八五年五月二十七日至一九九七年六月三十日期間批出的，或原沒有續期權利而獲得續期的，超出一九九七年六月三十日年期而不超過二零四七年六月三十日的一切土地契約，承租人從一九九七年七月一日起不補地價，但需每年繳納相當於當日該土地應課差餉租值百分之三的租金。此後，隨應課差餉租值的改變而調整租金。

第一百二十二條　原舊批約地段、鄉村屋地、丁屋地和類似的農村土地，如該土地在一九八四年六月三十日的承租人，或在該日以後批出的丁屋地承租人，其父系為一八九八年在香港的原有鄉村居民，只要該土地的承租人仍為該人或其合法父系繼承人，原定租金維持不變。

第一百二十三條　香港特別行政區成立以後滿期而沒有續期權利的土地契約，由香港特別行政區自行制定法律和政策處理。

第三節　航運

第一百二十四條　香港特別行政區保持原在香港實行的航運經營和管理體制，包括有關海員的管理制度。

香港特別行政區政府自行規定在航運方面的具體職能和責任。

第一百二十五條　香港特別行政區經中央人民政府授權繼續進行船舶登記，並根據香港特別行政區的法律以"中國香港"的名義頒發有關證件。

第一百二十六條　除外國軍用船隻進入香港特別行政區須經中央人民政府特別許可外，其他船舶可根據香港特別行政區法律進出其港口。

第一百二十七條　香港特別行政區的私營航運及與航運有關的企業和私營集裝箱碼頭，可繼續自由經營。

第四節　民用航空

第一百二十八條　香港特別行政區政府應提供條件和採取措施，以保持香港的國際和區域航空中心的地位。

第一百二十九條　香港特別行政區繼續實行原在香港實行的民用航空管理制度，並按中央人民政府關於飛機國籍標誌和登記標誌的規定，設置自己的飛機登記冊。

外國國家航空器進入香港特別行政區須經中央人民政府特別

許可。

第一百三十條　香港特別行政區自行負責民用航空的日常業務和技術管理，包括機場管理，在香港特別行政區飛行情報區內提供空中交通服務，和履行國際民用航空組織的區域性航行規劃程序所規定的其他職責。

第一百三十一條　中央人民政府經同香港特別行政區政府磋商作出安排，為在香港特別行政區註冊並以香港為主要營業地的航空公司和中華人民共和國的其他航空公司，提供香港特別行政區和中華人民共和國其他地區之間的往返航班。

第一百三十二條　凡涉及中華人民共和國其他地區同其他國家和地區的往返並經停香港特別行政區的航班，和涉及香港特別行政區同其他國家和地區的往返並經停中華人民共和國其他地區航班的民用航空運輸協定，由中央人民政府簽訂。

中央人民政府在簽訂本條第一款所指民用航空運輸協定時，應考慮香港特別行政區的特殊情況和經濟利益，並同香港特別行政區政府磋商。

中央人民政府在同外國政府商談有關本條第一款所指航班的安排時，香港特別行政區政府的代表可作為中華人民共和國政府代表團的成員參加。

第一百三十三條　香港特別行政區政府經中央人民政府具體授權可：

（一）續簽或修改原有的民用航空運輸協定和協議；

（二）　談判簽訂新的民用航空運輸協定，為在香港特別行政區註冊並以香港為主要營業地的航空公司提供航線，以及過境和技術停降權利；

（三）　同沒有簽訂民用航空運輸協定的外國或地區談判簽訂臨時協議。

不涉及往返、經停中國內地而只往返、經停香港的定期航班，均由本條所指的民用航空運輸協定或臨時協議予以規定。

第一百三十四條　中央人民政府授權香港特別行政區政府：

（一）　同其他當局商談並簽訂有關執行本法第一百三十三條所指民用航空運輸協定和臨時協議的各項安排；

（二）　對在香港特別行政區註冊並以香港為主要營業地的航空公司簽發執照；

（三）　依照本法第一百三十三條所指民用航空運輸協定和臨時協議指定航空公司；

（四）　對外國航空公司除往返、經停中國內地的航班以外的其他航班簽發許可證。

第一百三十五條　香港特別行政區成立前在香港註冊並以香港為主要營業地的航空公司和與民用航空有關的行業，可繼續經營。

第六章　教育、科學、文化、體育、宗教、勞工和社會服務

第一百三十六條　香港特別行政區政府在原有教育制度的基礎上，自行制定有關教育的發展和改進的政策，包括教育體制和管理、教學語言、經費分配、考試制度、學位制度和承認學歷等政策。

社會團體和私人可依法在香港特別行政區興辦各種教育事業。

第一百三十七條　各類院校均可保留其自主性並享有學術自由，可繼續從香港特別行政區以外招聘教職員和選用教材。宗教組織所辦的學校可繼續提供宗教教育，包括開設宗教課程。

學生享有選擇院校和在香港特別行政區以外求學的自由。

第一百三十八條　香港特別行政區政府自行制定發展中西醫藥和促進醫療衛生服務的政策。社會團體和私人可依法提供各種醫療衛生服務。

第一百三十九條　香港特別行政區政府自行制定科學技術政策，以法律保護科學技術的研究成果、專利和發明創造。

香港特別行政區政府自行確定適用於香港的各類科學、技術標準和規格。

第一百四十條　香港特別行政區政府自行制定文化政策，以法律保護作者在文學藝術創作中所獲得的成果和合法權益。

第一百四十一條　香港特別行政區政府不限制宗教信仰自由，不干預宗教組織的內部事務，不限制與香港特別行政區法律沒有抵觸的

宗教活動。

宗教組織依法享有財產的取得、使用、處置、繼承以及接受資助的權利。財產方面的原有權益仍予保持和保護。

宗教組織可按原有辦法繼續興辦宗教院校、其他學校、醫院和福利機構以及提供其他社會服務。

香港特別行政區的宗教組織和教徒可與其他地方的宗教組織和教徒保持和發展關係。

第一百四十二條 香港特別行政區政府在保留原有的專業制度的基礎上，自行制定有關評審各種專業的執業資格的辦法。

在香港特別行政區成立前已取得專業和執業資格者，可依據有關規定和專業守則保留原有的資格。

香港特別行政區政府繼續承認在特別行政區成立前已承認的專業和專業團體，所承認的專業團體可自行審核和頒授專業資格。

香港特別行政區政府可根據社會發展需要並諮詢有關方面的意見，承認新的專業和專業團體。

第一百四十三條 香港特別行政區政府自行制定體育政策。民間體育團體可依法繼續存在和發展。

第一百四十四條 香港特別行政區政府保持原在香港實行的對教育、醫療衛生、文化、藝術、康樂、體育、社會福利、社會工作等方面的民間團體機構的資助政策。原在香港各資助機構任職的人員均可根據原有制度繼續受聘。

第一百四十五條 香港特別行政區政府在原有社會福利制度的基

礎上，根據經濟條件和社會需要，自行制定其發展、改進的政策。

第一百四十六條　香港特別行政區從事社會服務的志願團體在不抵觸法律的情況下可自行決定其服務方式。

第一百四十七條　香港特別行政區自行制定有關勞工的法律和政策。

第一百四十八條　香港特別行政區的教育、科學、技術、文化、藝術、體育、專業、醫療衛生、勞工、社會福利、社會工作等方面的民間團體和宗教組織同內地相應的團體和組織的關係，應以互不隸屬、互不干涉和互相尊重的原則為基礎。

第一百四十九條　香港特別行政區的教育、科學、技術、文化、藝術、體育、專業、醫療衛生、勞工、社會福利、社會工作等方面的民間團體和宗教組織可同世界各國、各地區及國際的有關團體和組織保持和發展關係，各該團體和組織可根據需要冠用“中國香港”的名義，參與有關活動。

第七章　對外事務

第一百五十條　香港特別行政區政府的代表，可作為中華人民共和國政府代表團的成員，參加由中央人民政府進行的同香港特別行政區直接有關的外交談判。

第一百五十一條　香港特別行政區可在經濟、貿易、金融、航運、通訊、旅遊、文化、體育等領域以“中國香港”的名義，單獨地同世界各國、各地區及有關國際組織保持和發展關係，簽訂和履行有關協議。

第一百五十二條　對以國家為單位參加的、同香港特別行政區有關的、適當領域的國際組織和國際會議，香港特別行政區政府可派遣代表作為中華人民共和國代表團的成員或以中央人民政府和上述有關國際組織或國際會議允許的身份參加，並以“中國香港”的名義發表意見。

香港特別行政區可以“中國香港”的名義參加不以國家為單位參加的國際組織和國際會議。

對中華人民共和國已參加而香港也以某種形式參加了的國際組織，中央人民政府將採取必要措施使香港特別行政區以適當形式繼續保持在這些組織中的地位。

對中華人民共和國尚未參加而香港已以某種形式參加的國際組織，中央人民政府將根據需要使香港特別行政區以適當形式繼續參加這些組織。

第一百五十三條　中華人民共和國締結的國際協議，中央人民政府可根據香港特別行政區的情況和需要，在徵詢香港特別行政區政府的意見後，決定是否適用於香港特別行政區。

中華人民共和國尚未參加但已適用於香港的國際協議仍可繼續適用。中央人民政府根據需要授權或協助香港特別行政區政府作出適當安排，使其他有關國際協議適用於香港特別行政區。

第一百五十四條　中央人民政府授權香港特別行政區政府依照法

律給持有香港特別行政區永久性居民身份證的中國公民簽發中華人民共和國香港特別行政區護照，給在香港特別行政區的其他合法居留者簽發中華人民共和國香港特別行政區的其他旅行證件。上述護照和證件，前往各國和各地區有效，並載明持有人有返回香港特別行政區的權利。

對世界各國或各地區的人入境、逗留和離境，香港特別行政區政府可實行出入境管制。

第一百五十五條　中央人民政府協助或授權香港特別行政區政府與各國或各地區締結互免簽證協議。

第一百五十六條　香港特別行政區可根據需要在外國設立官方或半官方的經濟和貿易機構，報中央人民政府備案。

第一百五十七條　外國在香港特別行政區設立領事機構或其他官方、半官方機構，須經中央人民政府批准。

已同中華人民共和國建立正式外交關係的國家在香港設立的領事機構和其他官方機構，可予保留。

尚未同中華人民共和國建立正式外交關係的國家在香港設立的領事機構和其他官方機構，可根據情況允許保留或改為半官方機構。

尚未為中華人民共和國承認的國家，只能在香港特別行政區設立民間機構。

第八章　本法的解釋和修改

第一百五十八條　本法的解釋權屬於全國人民代表大會常務委員會。

全國人民代表大會常務委員會授權香港特別行政區法院在審理案件時對本法關於香港特別行政區自治範圍內的條款自行解釋。

香港特別行政區法院在審理案件時對本法的其他條款也可解釋。但如香港特別行政區法院在審理案件時需要對本法關於中央人民政府管理的事務或中央和香港特別行政區關係的條款進行解釋，而該條款的解釋又影響到案件的判決，在對該案件作出不可上訴的終局判決前，應由香港特別行政區終審法院請全國人民代表大會常務委員會對有關條款作出解釋。如全國人民代表大會常務委員會作出解釋，香港特別行政區法院在引用該條款時，應以全國人民代表大會常務委員會的解釋為準。但在此以前作出的判決不受影響。

全國人民代表大會常務委員會在對本法進行解釋前，徵詢其所屬的香港特別行政區基本法委員會的意見。

第一百五十九條　本法的修改權屬於全國人民代表大會。

本法的修改提案權屬於全國人民代表大會常務委員會、國務院和香港特別行政區。香港特別行政區的修改議案，須經香港特別行政區的全國人民代表大會代表三分之二多數、香港特別行政區立法會全體議員三分之二多數和香港特別行政區行政長官同意後，交由香港特別行政區出席全國人民代表大會的代表團向全國人民代表大會提出。

本法的修改議案在列入全國人民代表大會的議程前，先由香港特別行政區基本法委員會研究並提出意見。

本法的任何修改，均不得同中華人民共和國對香港既定的基本方針政策相抵觸。

第九章　附則

第一百六十條　香港特別行政區成立時，香港原有法律除由全國人民代表大會常務委員會宣佈為同本法抵觸者外，採用為香港特別行政區法律，如以後發現有的法律與本法抵觸，可依照本法規定的程序修改或停止生效。

在香港原有法律下有效的文件、證件、契約和權利義務，在不抵觸本法的前提下繼續有效，受香港特別行政區的承認和保護。

附件一：*

香港特別行政區行政長官的產生辦法

一、行政長官由一個具有廣泛代表性的選舉委員會根據本法選出，由中央人民政府任命。

二、選舉委員會委員共 800 人，由下列各界人士組成：

工商、金融界	200 人
專業界	200 人
勞工、社會服務、宗教等界	200 人
立法會議員、區域性組織代表、香港地區全國人大代表、香港地區全國政協委員的代表	200 人

選舉委員會每屆任期五年。

三、各個界別的劃分，以及每個界別中何種組織可以產生選舉委員的名額，由香港特別行政區根據民主、開放的原則制定選舉法加以規定。

---

* 編者注：關於本附件的修訂，見 2010 年 8 月 28 日第十一屆全國人民代表大會常務委員會第十六次會議批准的《中華人民共和國香港特別行政區基本法附件一香港特別行政區行政長官的產生辦法修正案》。

各界別法定團體根據選舉法規定的分配名額和選舉辦法自行選出選舉委員會委員。

選舉委員以個人身份投票。

四、不少於一百名的選舉委員可聯合提名行政長官候選人。每名委員只可提出一名候選人。

五、選舉委員會根據提名的名單，經一人一票無記名投票選出行政長官候任人。具體選舉辦法由選舉法規定。

六、第一任行政長官按照《全國人民代表大會關於香港特別行政區第一屆政府和立法會產生辦法的決定》產生。

七、二○○七年以後各任行政長官的產生辦法如需修改，須經立法會全體議員三分之二多數通過，行政長官同意，並報全國人民代表大會常務委員會批准。

附件二：*

香港特別行政區立法會的產生辦法和表決程序

一、立法會的產生辦法

（一）香港特別行政區立法會議員每屆 60 人，第一屆立法會按照《全國人民代表大會關於香港特別行政區第一屆政府和立法會產生辦法的決定》產生。第二屆、第三屆立法會的組成如下：

第二屆

功能團體選舉的議員	30 人
選舉委員會選舉的議員	6 人
分區直接選舉的議員	24 人

第三屆

功能團體選舉的議員	30 人
分區直接選舉的議員	30 人

（二）除第一屆立法會外，上述選舉委員會即本法附件一規定的選舉委員會。上述分區直接選舉的選區劃分、投票辦法，各個功能界別和法定團體的劃分、議員名額的分配、選舉辦法及選舉委員會選舉

---

* 編者注：關於本附件的修訂，見 2010 年 8 月 28 日第十一屆全國人民代表大會常務委員會公佈的《中華人民共和國香港特別行政區基本法附件二香港特別行政區立法會的產生辦法和表決程序修正案》。

議員的辦法，由香港特別行政區政府提出並經立法會通過的選舉法加以規定。

二、立法會對法案、議案的表決程序

除本法另有規定外，香港特別行政區立法會對法案和議案的表決採取下列程序：

政府提出的法案，如獲得出席會議的全體議員的過半數票，即為通過。

立法會議員個人提出的議案、法案和對政府法案的修正案均須分別經功能團體選舉產生的議員和分區直接選舉、選舉委員會選舉產生的議員兩部分出席會議議員各過半數通過。

三、二〇〇七年以後立法會的產生辦法和表決程序

二〇〇七年以後香港特別行政區立法會的產生辦法和法案、議案的表決程序，如需對本附件的規定進行修改，須經立法會全體議員三分之二多數通過，行政長官同意，並報全國人民代表大會常務委員會備案。

附件三：*

在香港特別行政區實施的全國性法律

下列全國性法律，自一九九七年七月一日起由香港特別行政區在當地公佈或立法實施。

一、《關於中華人民共和國國都、紀年、國歌、國旗的決議》

二、《關於中華人民共和國國慶日的決議》

三、《中央人民政府公佈中華人民共和國國徽的命令》附：國徽圖案、說明、使用辦法

四、《中華人民共和國政府關於領海的聲明》

五、《中華人民共和國國籍法》

六、《中華人民共和國外交特權與豁免條例》

---

* 編者注：關於本附件的修訂，見 1997 年 7 月 1 日第八屆全國人民代表大會常務委員會第二十六次會議通過的《全國人民代表大會常務委員會關於〈中華人民共和國香港特別行政區基本法〉附件三所列全國性法律增減的決定》、1998 年 11 月 4 日第九屆全國人民代表大會常務委員會第五次會議通過的《全國人民代表大會常務委員會關於增加〈中華人民共和國香港特別行政區基本法〉附件三所列全國性法律的決定》、2005 年 10 月 27 日第十屆全國人民代表大會常務委員會第十八次會議通過的《全國人民代表大會常務委員會關於增加〈中華人民共和國香港特別行政區基本法〉附件三所列全國性法律的決定》和 2017 年 11 月 4 日第十二屆全國人民代表大會常務委員會第三十次會議通過的《全國人民代表大會常務委員會關於增加〈中華人民共和國香港特別行政區基本法〉附件三所列全國性法律的決定》。

香港特別行政區區旗圖案

香港特別行政區區徽圖案

全國人民代表大會常務委員會關於批准《中華人民共和國香港特別行政區基本法附件一香港特別行政區行政長官的產生辦法修正案》的決定

2010 年 8 月 28 日第十一屆全國人民代表大會
常務委員會第十六次會議通過

第十一屆全國人民代表大會常務委員會第十六次會議決定:

根據《中華人民共和國香港特別行政區基本法》附件一、《全國人民代表大會常務委員會關於〈中華人民共和國香港特別行政區基本法〉附件一第七條和附件二第三條的解釋》和《全國人民代表大會常務委員會關於香港特別行政區 2012 年行政長官和立法會產生辦法及有關普選問題的決定》,批准香港特別行政區提出的《中華人民共和國香港特別行政區基本法附件一香港特別行政區行政長官的產生辦法修正案》。

《中華人民共和國香港特別行政區基本法附件一香港特別行政區行政長官的產生辦法修正案》自批准之日起生效。

中華人民共和國香港特別行政區基本法附件一 香港特別行政區行政長官的產生辦法修正案

2010 年 8 月 28 日第十一屆全國人民代表大會
常務委員會第十六次會議批准

　　一、二〇一二年選舉第四任行政長官人選的選舉委員會共 1200 人，由下列各界人士組成：

工商、金融界	300 人
專業界	300 人
勞工、社會服務、宗教等界	300 人
立法會議員、區議會議員的代表、鄉議局的代表、香港特別行政區全國人大代表、香港特別行政區全國政協委員的代表	300 人

選舉委員會每屆任期五年。

　　二、不少於一百五十名的選舉委員可聯合提名行政長官候選人。每名委員只可提出一名候選人。

全國人民代表大會常務委員會公告

〔十一屆〕第十五號

　　根據《中華人民共和國香港特別行政區基本法》附件二、《全國人民代表大會常務委員會關於〈中華人民共和國香港特別行政區基本法〉附件一第七條和附件二第三條的解釋》和《全國人民代表大會常務委員會關於香港特別行政區 2012 年行政長官和立法會產生辦法及有關普選問題的決定》，全國人民代表大會常務委員會對《中華人民共和國香港特別行政區基本法附件二香港特別行政區立法會的產生辦法和表決程序修正案》予以備案，現予公佈。

　　《中華人民共和國香港特別行政區基本法附件二香港特別行政區立法會的產生辦法和表決程序修正案》自公佈之日起生效。

　　特此公告。

全國人民代表大會常務委員會

2010 年 8 月 28 日

中華人民共和國香港特別行政區基本法附件二 香港特別行政區立法會的產生辦法和表決程序 修正案

2010 年 8 月 28 日第十一屆全國人民代表大會

常務委員會第十六次會議予以備案

　　二○一二年第五屆立法會共 70 名議員，其組成如下：

功能團體選舉的議員　　　　　　　　　　35 人

分區直接選舉的議員　　　　　　　　　　35 人

全國人民代表大會常務委員會關於《中華人民共和國香港特別行政區基本法》附件三所列全國性法律增減的決定

1997 年 7 月 1 日第八屆全國人民代表大會

常務委員會第二十六次會議通過

一、在《中華人民共和國香港特別行政區基本法》附件三中增加下列全國性法律：

1、《中華人民共和國國旗法》；

2、《中華人民共和國領事特權與豁免條例》；

3、《中華人民共和國國徽法》；

4、《中華人民共和國領海及毗連區法》；

5、《中華人民共和國香港特別行政區駐軍法》。

以上全國性法律，自 1997 年 7 月 1 日起由香港特別行政區公佈或立法實施。

二、在《中華人民共和國香港特別行政區基本法》附件三中刪去下列全國性法律：

《中央人民政府公佈中華人民共和國國徽的命令》附：國徽圖案、說明、使用辦法。

全國人民代表大會常務委員會關於增加《中華人民共和國香港特別行政區基本法》附件三所列全國性法律的決定

1998 年 11 月 4 日第九屆全國人民代表大會
常務委員會第五次會議通過

第九屆全國人民代表大會常務委員會第五次會議決定：在《中華人民共和國香港特別行政區基本法》附件三中增加全國性法律《中華人民共和國專屬經濟區和大陸架法》。

全國人民代表大會常務委員會關於增加《中華人民共和國香港特別行政區基本法》附件三所列全國性法律的決定

2005 年 10 月 27 日第十屆全國人民代表大會
常務委員會第十八次會議通過

第十屆全國人民代表大會常務委員會第十八次會議決定：在《中華人民共和國香港特別行政區基本法》附件三中增加全國性法律《中華人民共和國外國中央銀行財產司法強制措施豁免法》。

全國人民代表大會常務委員會關於增加《中華人民共和國香港特別行政區基本法》附件三所列全國性法律的決定

2017 年 11 月 4 日第十二屆全國人民代表大會常務委員會第三十次會議通過

　　第十二屆全國人民代表大會常務委員會第三十次會議決定：在《中華人民共和國香港特別行政區基本法》附件三中增加全國性法律《中華人民共和國國歌法》。

全國人民代表大會常務委員會關於《中華人民共和國香港特別行政區基本法》第二十二條第四款和第二十四條第二款第（三）項的解釋

1999 年 6 月 26 日第九屆全國人民代表大會

常務委員會第十次會議通過

　　第九屆全國人民代表大會常務委員會第十次會議審議了國務院《關於提請解釋〈中華人民共和國香港特別行政區基本法〉第二十二條第四款和第二十四條第二款第（三）項的議案》。國務院的議案是應香港特別行政區行政長官根據《中華人民共和國香港特別行政區基本法》第四十三條和第四十八條第（二）項的有關規定提交的報告提出的。鑒於議案中提出的問題涉及香港特別行政區終審法院 1999 年 1 月 29 日的判決對《中華人民共和國香港特別行政區基本法》有關條款的解釋，該有關條款涉及中央管理的事務和中央與香港特別行政區的關係，終審法院在判決前沒有依照《中華人民共和國香港特別行政區基本法》第一百五十八條第三款的規定請全國人民代表大會常務委員會作出解釋，而終審法院的解釋又不符合立法原意，經徵詢全國人民代表大會常務委員會香港特別行政區基本法委員會的意見，全國人民代表大會常務委員會決定，根據《中華人民共和國憲法》第六十七條第（四）項和《中華人民共和國香港特別行政區基本法》第一百五十八條第一款的規定，對《中華人民共和國香港特別行政區基本法》第二十二條第四款和第二十四條第二款第（三）項的規定，作如下解釋：

一、《中華人民共和國香港特別行政區基本法》第二十二條第四款關於"中國其他地區的人進入香港特別行政區須辦理批准手續"的規定，是指各省、自治區、直轄市的人，包括香港永久性居民在內地所生的中國籍子女，不論以何種事由要求進入香港特別行政區，均須依照國家有關法律、行政法規的規定，向其所在地區的有關機關申請辦理批准手續，並須持有有關機關製發的有效證件方能進入香港特別行政區。各省、自治區、直轄市的人，包括香港永久性居民在內地所生的中國籍子女，進入香港特別行政區，如未按國家有關法律、行政法規的規定辦理相應的批准手續，是不合法的。

二、《中華人民共和國香港特別行政區基本法》第二十四條第二款前三項規定："香港特別行政區永久性居民為：（一）在香港特別行政區成立以前或以後在香港出生的中國公民；（二）在香港特別行政區成立以前或以後在香港通常居住連續七年以上的中國公民；（三）第（一）、（二）兩項所列居民在香港以外所生的中國籍子女"。其中第（三）項關於"第（一）、（二）兩項所列居民在香港以外所生的中國籍子女"的規定，是指無論本人是在香港特別行政區成立以前或以後出生，在其出生時，其父母雙方或一方須是符合《中華人民共和國香港特別行政區基本法》第二十四條第二款第（一）項或第（二）項規定條件的人。本解釋所闡明的立法原意以及《中華人民共和國香港特別行政區基本法》第二十四條第二款其他各項的立法原意，已體現在 1996 年 8 月 10 日全國人民代表大會香港特別行政區籌備委員會第四次全體會議通過的《關於實施〈中華人民共和國香港特別行政區基本法〉第二十四條第二款的意見》中。

本解釋公佈之後，香港特別行政區法院在引用《中華人民共和國香港特別行政區基本法》有關條款時，應以本解釋為準。本解釋不影響香港特別行政區終審法院 1999 年 1 月 29 日對有關案件判決的有關訴訟當事人所獲得的香港特別行政區居留權。此外，其他任何人是否符合《中華人民共和國香港特別行政區基本法》第二十四條第二款第（三）項規定的條件，均須以本解釋為準。

對《全國人民代表大會常務委員會關於〈中華人民共和國香港特別行政區基本法〉第二十二條第四款和第二十四條第二款第（三）項的解釋（草案）》的説明

1999 年 6 月 22 日在第九屆全國人民代表大會

常務委員會第十次會議上

全國人大常委會法制工作委員會副主任　喬曉陽

委員長、各位副委員長、秘書長、各位委員：

　　我受委員長會議的委託，作《全國人民代表大會常務委員會關於〈中華人民共和國香港特別行政區基本法〉第二十二條第四款和第二十四條第二款第（三）項的解釋（草案）》的説明。

　　今年 5 月 20 日，香港特別行政區行政長官董建華依據《中華人民共和國香港特別行政區基本法》（以下簡稱《基本法》）第四十三條和第四十八條第（二）項所賦予的職權，向國務院提交《關於提請中央人民政府協助解決實施〈中華人民共和國香港特別行政區基本法〉有關條款所遇問題的報告》。該《報告》稱，香港特區終審法院今年 1 月 29 日就香港居民在內地所生子女的居留權案件所作的判決，擴大了原來根據香港《入境條例》香港永久性居民在內地所生中國籍子女獲得香港居留權的範圍，並認為這些子女無須經內地有關機關批准，即可進入香港特區定居。這一判決內容與香港特區政府對《基本法》有關條款的理解不同。香港特區臨時立法會制定的有關法律規定，香港永久性居民在內地所生子女獲得香港居留權，必須是在該子女出生時其父母雙方或一方是香港永久性居民，並對居留權證明書作了規定。終審法院 1 月 29 日的判決宣佈臨時立法會制定的有關法律不符合《基本法》；認為《基本法》第二十四條第二款第（三）項所指的香港居民所生子女，是包括在其父或母成為香港永久性居民之前或之後所生的子女；《基本法》第二十二條第四款中對"中國其他地區的人"進入香港的限制不適用於這些人士。《報告》稱，終審法院的判決，改變了香港現行的出入境管理制度，引起了香港社會廣泛的關注和討論，並可能引發嚴重的社會問題和後果。據香港特區政府的調查統計表明，根據這項判決內地新增加的符合具有香港居留權資格人士，至少一百六十七萬（其中第一代約六十九萬人；當第一代在香港通常居住連續七年以上後，其第二代符合居留權資格的人士約九十八萬）。香港特區政府的評估顯示，吸納這些內地人士將為香港帶來巨大壓力，香港的土地和社會資源根本無法應付大量新進入的內地人士在教育、房屋、醫療衛生、社會福利及其他方面的需要，這將嚴重影響香港的穩定和繁榮。香港社會對該項判決是否符合《基本法》，提出了質疑和爭論。香港社會的廣泛民意均要求盡快解決這一問題。《報告》認為，由於終審法院的有關判決涉及應如何理解《基本法》的原則性問題，而內地居民進入香港的管理辦法還涉及中央與香港特區的關係，因此，請求國務院提請全國人大常委會根據《中華人民共和國憲法》和《基本法》的有關規定，對《基本法》第二十二條第四款和第二十四條第二款第（三）項作出解釋。

國務院研究了香港特別行政區行政長官董建華提交的《報告》，向全國人大常委會提出《關於提請解釋〈中華人民共和國香港特別行政區基本法〉第二十二條第四款和第二十四條第二款第（三）項的議案》。全國人大常委會委員長會議審議了國務院的議案，認為議案中提出的問題涉及香港特別行政區終審法院 1999 年 1 月 29 日的判決對《基本法》有關條款的解釋，該有關條款涉及中央管理的事務或中央與香港特別行政區的關係。《基本法》第一百五十八條第三款中規定，如香港法院在審理案件時需要對本法關於中央管理的事務或中央和香港特別行政區關係的條款進行解釋，而該條款的解釋又影響到案件的判決，在作出終局判決前，"應由香港特別行政區終審法院請全國人民代表大會常務委員會對有關條款作出解釋"。終審法院在判決前沒有按照《基本法》第一百五十八條第三款的規定提請全國人大常委會進行解釋，而終審法院的解釋又不符合立法原意。根據《中華人民共和國憲法》第六十七條第（四）項關於全國人大常委會解釋法律的規定和《基本法》第一百五十八條第一款關於"本法的解釋權屬於全國人民代表大會常務委員會"的規定，為了保證《基本法》的正確實施，由全國人大常委會就《基本法》有關條款進行解釋，是必要和適當的。為此，委員長會議提出了《全國人民代表大會常務委員會關於〈中華人民共和國香港特別行政區基本法〉第二十二條第四款和第二十四條第二款第（三）項的解釋（草案）》，並徵詢了全國人大常委會《香港特別行政區基本法》委員會的意見。現將草案的內容說明如下：

一、關於《基本法》第二十二條第四款

《基本法》第二十二條第四款規定："中國其他地區的人進入香港特別行政區須辦理批准手續，其中進入香港特別行政區定居的人數由中央人民政府主管部門徵求香港特別行政區政府的意見後確定。"《基本法》作出這一規定，是基於在內地與香港之間長期以來實行的出入境管理制度。按照該項制度，內地居民無論以何種理由赴港，均須向內地的有關機關提出申請，在獲得批准後，須持有有關機關簽發的有效證件方能進入香港。其中，香港永久性居民在內地所生子女的赴港定居安排，是在每天的赴港定居名額中劃出專用定額，由內地有關機關協同特區主管機關對申請人的資格條件加以審查確認，然後分批發給當事人相應證件，這樣當事人才能赴港定居。《基本法》第二十二條第四款的立法原意，正是肯定內地與香港之間長期以來實行的出入境管理制度，內地各省、自治區、直轄市的人，其中包括香港永久性居民在內地所生的中國籍子女，不論以何種事由要求進入香港特別行政區，均須依照國家有關法律、行政法規的規定，向其所在地區的有關機關申請辦理批准手續，並須持有有關機關製發的有效證件方能進入香港特別行政區，但香港永久性居民在內地所生的中國籍子女已經依法取得香港永久性居民身份證的除外。這一立法原意，完全是為了保證內地居民有序赴港，是符合香港的整體利益的。

101

二、關於《基本法》第二十四條第二款第（三）項

《基本法》第二十四條第二款前三項規定："香港特別行政區永久性居民為：（一）在香港特別行政區成立以前或以後在香港出生的中國公民；（二）在香港特別行政區成立以前或以後在香港通常居住連續七年以上的中國公民；（三）第（一）、（二）兩項所列居民在香港以外所生的中國籍子女"。其中第（三）項關於"第（一）、（二）兩項所列居民在香港以外所生的中國籍子女"的規定，是指無論本人是在香港特別行政區成立以前或以後出生，在其出生時，其父母雙方或一方須是符合《基本法》第二十四條第二款第（一）項或第（二）項規定條件的人。這一立法原意體現了防止內地大量人口湧入香港，以利於維護香港的長期繁榮穩定。因此，《基本法》第二十四條第二款第（三）項與第二十二條第四款是密不可分的。

為了在香港特別行政區成立後實施《基本法》第二十四條第二款的規定，1996 年 8 月 10 日全國人民代表大會香港特別行政區籌備委員會根據其立法原意通過了《關於實施〈中華人民共和國香港特別行政區基本法〉第二十四條第二款的意見》。籌委會通過該意見前，曾廣泛聽取香港各界的意見，並充分考慮了香港的實際情況和一貫做法。意見公佈後，香港社會普遍認同。1997 年 3 月 10 日，籌委會主任委員錢其琛在第八屆全國人大第五次會議上所作的《全國人民代表大會香港特別行政區籌備委員會工作報告》中將籌委會關於實施《基本法》第二十四條第二款的意見向全國人民代表大會作了報告。1997 年 3 月 14 日，第八屆全國人大第五次會議通過了《關於全國人民代

表大會香港特別行政區籌備委員會工作報告的決議》，批准了錢其琛的報告。香港回歸後，香港特區臨時立法會參照籌委會意見制定了有關法律。該項法律對有效地控制香港的人口增長起到積極作用。

　　全國人大常委會對《基本法》第二十二條第四款和第二十四條第二款第（三）項作出解釋後，香港特別行政區法院在審理有關案件引用《基本法》中該項條款時，應以全國人大常委會的解釋為準。全國人大常委會的解釋不影響香港特別行政區終審法院 1999 年 1 月 29 日對有關案件判決的有關訴訟當事人所獲得的香港特別行政區居留權。此外，其他任何人是否符合《基本法》第二十四條第二款第（三）項規定的條件，均須以全國人大常委會對該項規定的解釋為準。

　　關於《基本法》第二十二條第四款和第二十四條第二款第（三）項的解釋（草案）和以上說明是否妥當，請審議。

籌委會關於實施《中華人民共和國香港特別行政區基本法》第二十四條第二款的意見

1996 年 8 月 10 日全國人大香港特別行政區籌委會
第四次全體會議通過

　　《中華人民共和國香港特別行政區基本法》第二十四條第二款對香港特別行政區永久性居民的問題作出了規定。為了實施上述規定，特提出以下意見，以備香港特別行政區制定實施細則時參照。

　　一、基本法第二十四條第二款第（一）項規定的在香港出生的中國公民，是指父母雙方或一方合法定居在香港期間所生的子女，不包括非法入境、逾期居留或在香港臨時居留的人在香港期間所生的子女。

　　二、下述情況不被視為基本法第二十四條第二款第（二）項和第（四）項規定的在香港"通常居住"：

　　（1）非法入境或於非法入境後獲入境處處長准許留在香港；

　　（2）在違反逗留期限或其他條件的情況下留在香港；

　　（3）以難民身份留在香港；

　　（4）在香港被依法羈留或被法院判處監禁；

　　（5）根據政府的專項政策獲准留在香港。

三、基本法第二十四條第二款第（二）項規定的中國公民在香港通常居住"連續七年"的計算方法，應為任何時間的連續七年；基本法第二十四條第二款第（四）項規定的非中國籍人在香港通常居住"連續七年"的計算方法，應為緊接其申請成為香港特別行政區永久性居民之前的連續七年。

四、基本法第二十四條第二款第（三）項規定的在香港以外出生的中國籍子女，在本人出生時，其父母雙方或一方須是根據基本法第二十四條第二款第（一）項或第（二）項已經取得香港永久性居民身份的人。

五、基本法第二十四條第二款第（四）項規定的非中國籍人以香港為永久居住地的具體要求為：

1. 該人須在申請成為香港特別行政區永久性居民時依法簽署一份聲明，表示願意以香港為永久居住地；

2. 該人在作上述聲明時須如實申報以下個人情況，供香港特別行政區政府審批其永久性居民身份時參考：

（a）在香港有無住所（慣常居所）；

（b）家庭主要成員（配偶及未成年子女）是否通常在香港居住；

（c）在香港有無正當職業或穩定的生活來源；

（d）在香港是否依法納稅。

3. 該人須對聲明中申報上述情況的真實性承擔法律責任。香港特別行政區政府有權在需要時要求申報人提供必要的證明文件和資料，如發現申報人所作的申報與事實不符，可依法作出處理包括注銷其永久性居民身份證。

4.已取得香港永久性居民身份的非中國籍人，除特殊原因外，如在通常規定的時間限度內（時間限度由香港特別行政區規定）連續不在香港居住，即喪失以香港為永久居住地的條件，可依法注銷其永久性居民身份證，不再享有香港居留權；但可依法進入香港和不受條件限制在香港居住和工作，在符合《基本法》第二十四條第二款有關規定的條件時可成為香港特別行政區永久性居民。

六、基本法第二十四條第二款第（五）項規定的非中國籍人在香港所生的未滿二十一周歲子女，在本人出生時或出生後，其父母雙方或一方須是根據基本法第二十四條第二款第（四）項取得香港永久性居民身份的人。上述具有香港永久性居民身份的子女在年滿二十一周歲後，在符合基本法第二十四條第二款的其他有關規定的條件時可享有香港永久性居民身份。

七、對在香港特別行政區成立以前持有香港永久性居民身份證並享有香港居留權的人，作如下安排：

1.在香港出生或在香港通常居住連續滿七年的中國公民，其所持有的香港永久性居民身份證在一九九七年七月一日後繼續有效，享有香港特別行政區居留權。

2.香港特別行政區成立前具有香港永久性居民身份的人，移民海外後在一九九七年六月三十日前以外國公民身份返回香港定居，其所持有的香港永久性居民身份證在一九九七年七月一日後繼續有效，享有香港特別行政區居留權。

3. 香港特別行政區成立前具有香港永久性居民身份的人，如其連續不在香港居住的時間已超過規定的時間限度，而在一九九七年七月一日後以外國公民身份返回香港定居，其所持有的香港永久性居民身份證應依法注銷，不再享有香港居留權，但可依法進入香港和不受條件限制在香港居住和工作，在符合基本法第二十四條有關規定的條件時成為香港特別行政區永久性居民。

全國人民代表大會常務委員會關於《中華人民共和國香港特別行政區基本法》附件一第七條和附件二第三條的解釋

2004 年 4 月 6 日第十屆全國人民代表大會

常務委員會第八次會議通過

　　第十屆全國人民代表大會常務委員會第八次會議審議了委員長會議關於提請審議《全國人民代表大會常務委員會關於〈中華人民共和國香港特別行政區基本法〉附件一第七條和附件二第三條的解釋（草案）》的議案。經徵詢全國人民代表大會常務委員會香港特別行政區基本法委員會的意見，全國人民代表大會常務委員會決定，根據《中華人民共和國憲法》第六十七條第四項和《中華人民共和國香港特別行政區基本法》第一百五十八條第一款的規定，對《中華人民共和國香港特別行政區基本法》附件一《香港特別行政區行政長官的產生辦法》第七條“二〇〇七年以後各任行政長官的產生辦法如需修改，須經立法會全體議員三分之二多數通過，行政長官同意，並報全國人民代表大會常務委員會批准”的規定和附件二《香港特別行政區立法會的產生辦法和表決程序》第三條“二〇〇七年以後香港特別行政區立法會的產生辦法和法案、議案的表決程序，如需對本附件的規定進行修改，須經立法會全體議員三分之二多數通過，行政長官同意，並報全國人民代表大會常務委員會備案"的規定，作如下解釋：

一、上述兩個附件中規定的"二〇〇七年以後"，含二〇〇七年。

二、上述兩個附件中規定的二〇〇七年以後各任行政長官的產生辦法、立法會的產生辦法和法案、議案的表決程序"如需"修改，是指可以進行修改，也可以不進行修改。

三、上述兩個附件中規定的須經立法會全體議員三分之二多數通過，行政長官同意，並報全國人民代表大會常務委員會批准或者備案，是指行政長官的產生辦法和立法會的產生辦法及立法會法案、議案的表決程序修改時必經的法律程序。只有經過上述程序，包括最後全國人民代表大會常務委員會依法批准或者備案，該修改方可生效。是否需要進行修改，香港特別行政區行政長官應向全國人民代表大會常務委員會提出報告，由全國人民代表大會常務委員會依照《中華人民共和國香港特別行政區基本法》第四十五條和第六十八條規定，根據香港特別行政區的實際情況和循序漸進的原則確定。修改行政長官產生辦法和立法會產生辦法及立法會法案、議案表決程序的法案及其修正案，應由香港特別行政區政府向立法會提出。

四、上述兩個附件中規定的行政長官的產生辦法、立法會的產生辦法和法案、議案的表決程序如果不作修改，行政長官的產生辦法仍適用附件一關於行政長官產生辦法的規定；立法會的產生辦法和法案、議案的表決程序仍適用附件二關於第三屆立法會產生辦法的規定和附件二關於法案、議案的表決程序的規定。

現予公告。

關於《全國人民代表大會常務委員會關於〈中華人民共和國香港特別行政區基本法〉附件一第七條和附件二第三條的解釋（草案）》的說明

2004 年 4 月 2 日在第十屆全國人民代表大會

常務委員會第八次會議上

全國人大常委會法制工作委員會副主任　李飛

委員長、各位副委員長、秘書長、各位委員：

　　我受委員長會議的委託，現對《全國人民代表大會常務委員會關於〈中華人民共和國香港特別行政區基本法〉附件一第七條和附件二第三條的解釋（草案）》作說明。

　　《中華人民共和國香港特別行政區基本法》（以下簡稱香港基本法）關於香港政治體制的規定，是根據"一國兩制"的原則和國家對香港的一系列方針政策確定的，是從香港的法律地位和實際情況出發，兼顧到社會各階層的利益，有利於香港資本主義經濟的發展，既保持香港原政治體制中行之有效的部分，又明確了發展香港民主制度應遵循從實際出發、循序漸進、均衡參與等重大原則，根本目的是保障香港的長期繁榮和穩定。

香港特別行政區行政長官的產生辦法和立法會的產生辦法，是香港政治體制的重要組成部分。這兩個產生辦法是由香港基本法附件一和附件二規定的。目前，香港社會對附件一第七條和附件二第三條的規定，存在着不同的理解和認識。香港基本法附件一第七條規定："二〇〇七年以後各任行政長官的產生辦法如需修改，須經立法會全體議員三分之二多數通過，行政長官同意，並報全國人民代表大會常務委員會批准。"附件二第三條規定："二〇〇七年以後香港特別行政區立法會的產生辦法和法案、議案的表決程序，如需對本附件的規定進行修改，須經立法會全體議員三分之二多數通過，行政長官同意，並報全國人民代表大會常務委員會備案。"目前對這兩條存在不同的理解和認識，主要集中在四個問題上：（1）"二〇〇七年以後"是否含二〇〇七年；（2）"如需"修改是否必須修改；（3）由誰確定需要修改及由誰提出修改法案；（4）如不修改是否繼續適用現行規定。鑒於香港未來政治體制的發展關係到"一國兩制"方針和香港基本法的貫徹實施，關係到中央與香港特別行政區的關係，關係到香港社會各階層、各界別、各方面的利益，關係到香港的長期繁榮穩定，為了保證香港基本法（基本法附件是基本法的組成部分）得到正確理解和實施，根據憲法第六十七條第四項關於全國人大常委會行使解釋法律的職權的規定和香港基本法第一百五十八條第一款"本法的解釋權屬於全國人民代表大會常務委員會"的規定，委員長會議根據部分全國人大代表的意見，提出了《全國人民代表大會常務委員會關於〈中華人民共和國香港特別行政區基本法〉附件一第七條和附件二第三條的解釋（草案）》（以下簡稱解釋草案），依照香港基本法第一百五十八條第四款的規定，徵詢了全國人大常委會香港特別行政區基本法委員會的意見，並聽取了香港特別行政區政府政制發展專責小組匯集的香港各界對政制發展問題的諮詢意見和專責小組的意見，聽取了香港特別行政區全國人大代表、全國政協常委的意見。現將草案的內容說明如下：

一、關於"二〇〇七年以後"的含義問題

對香港基本法附件一第七條和附件二第三條中所述"二〇〇七年以後"，香港社會有兩種不同的理解。一種認為，"二〇〇七年以後"是指2007年結束以後的時間，不包含2007年，因此，2007年選舉的第三任行政長官，其產生辦法不包含在"如需修改"的範圍之內；另一種認為，"二〇〇七年以後"包括2007年本數在內，因此，應當包含在"如需修改"的範圍之內。

根據我國有關法律的規定，法律用語中表示具體數字或年份時的"以前"、"以後"，均包括本數在內。因此，香港基本法附件一第七條和附件二第三條規定的"二〇〇七年以後"應當理解為包含2007年。據此，解釋草案第一條解釋為："上述兩個附件中規定的'二〇〇七年以後'，含二〇〇七年。"

二、關於"如需"修改的含義問題

香港基本法第四十五條規定："香港特別行政區行政長官在當地通過選舉或協商產生，由中央人民政府任命"；"行政長官的產生辦法根據香港特別行政區的實際情況和循序漸進的原則而規定，最終達至由一個有廣泛代表性的提名委員會按民主程序提名後普選產生的目標"。香港基本法第六十八條規定："香港特別行政區立法會由選舉產生";"立法會的產生辦法根據香港特別行政區的實際情況和循序漸進的原則而規定,最終達至全部議員由普選產生的目標"。香港基本法第四十五條和第六十八條的規定、香港基本法附件一和附件二對行政長官的具體產生辦法和立法會的具體產生辦法的規定,都確立和體現了香港政制發展必須根據香港的實際情況、循序漸進和均衡參與的原則。這些原則是香港政制發展必須長期遵循的原則。據此,香港基本法附件一第七條、附件二第三條規定的"如需"修改,應當理解為2007年以後可以進行修改,也可以不進行修改,而不是說到2007年就必須進行修改。因此,解釋草案第二條解釋為:"上述兩個附件中規定的二〇〇七年以後各任行政長官的產生辦法、立法會的產生辦法和法案、議案的表決程序'如需'修改,是指可以進行修改,也可以不進行修改"。

三、關於"如需"修改應由誰確定和應由誰提出修改法案的問題

香港特別行政區是直轄於中央人民政府的享有高度自治權的地方行政區域。香港特別行政區的高度自治權來源於中央的授權。香港特別行政區的政治體制是由全國人大制定的香港基本法予以規定的。我國是單一制國家,不是聯邦制,地方無權自行決定或改變其政治體制。香港政治體制的發展,涉及中央和特別行政區的關係,必須在香港基本法的框架內進行。修改行政長官的產生辦法和立法會的產生辦法及立法會法案、議案的表決程序,是香港政治體制發展中的重大問

題。是否需要修改和如何修改，決定權在中央。這是憲法和香港基本法確立的一項極為重要的原則，是"一國兩制"方針的應有之義。

香港基本法附件一第七條和附件二第三條規定，修改行政長官的產生辦法、立法會的產生辦法和法案、議案的表決程序，須經立法會全體議員三分之二多數通過，行政長官同意，並報全國人大常委會批准或備案。這一規定，一是指修改時必經的法律程序，二是通過"批准"或"備案"才能生效表明了中央的決定權。如認為確需修改，根據行政長官對中央負責的原則，特別行政區行政長官應向全國人大常委會提出報告，由全國人大常委會依照香港基本法第四十五條和第六十八條規定，根據香港特別行政區的實際情況和循序漸進的原則予以確定。這是中央對香港特別行政區政制發展所必須承擔的責任，對於維護香港社會各階層、各界別、各方面的利益，逐步發展適合香港實際情況的民主制度，保障香港的長期繁榮穩定，是十分必要的。

對於在修改行政長官產生辦法和立法會產生辦法及立法會法案、議案的表決程序時，應當由誰提出修改法案，香港社會存在着不同的理解和認識。根據香港基本法確立的政治體制，香港特別行政區實行行政主導，行政長官是特別行政區的首長，代表香港特別行政區，對中央人民政府和香港特別行政區負責；同時，香港基本法第七十四條還規定，"香港特別行政區立法會議員根據本法規定並依照法定程序提出法律草案，凡不涉及公共開支或政治體制或政府運作者，可由立法會議員個別或聯名提出"。因此，立法會議員個別或聯名不得提出涉及政治體制的法律草案。據此，修改行政長官產生辦法和立法會產生辦法及立法會法案、議案表決程序的法案及其修正案，應由特別行政區政府向立法會提出。

基於以上所述，解釋草案第三條解釋為："上述兩個附件中規定的須經立法會全體議員三分之二多數通過，行政長官同意，並報全國人民代表大會常務委員會批准或者備案，是指行政長官的產生辦法和立法會的產生辦法及立法會法案、議案的表決程序修改時必經的法律程序。只有經過上述程序，包括最後全國人民代表大會常務委員會依法批准或者備案，該修改方可生效。是否需要進行修改，香港特別行政區行政長官應向全國人民代表大會常務委員會提出報告，由全國人民代表大會常務委員會依照《中華人民共和國香港特別行政區基本法》第四十五條和第六十八條規定，根據香港特別行政區的實際情況和循序漸進的原則確定。修改行政長官產生辦法和立法會產生辦法及立法會法案、議案表決程序的法案及其修正案，應由香港特別行政區政府向立法會提出。"

四、關於如果不作修改是否適用現行規定的問題

如果 2007 年以後對行政長官的產生辦法和立法會的產生辦法及立法會法案、議案的表決程序不作修改，則屆時行政長官的產生辦法和立法會的產生辦法及立法會法案、議案的表決程序，需要加以明確。按照"如需"修改的立法原意，在不作修改的情況下，行政長官的產生辦法理應適用附件一關於行政長官產生辦法的規定；立法會的產生辦法和法案、議案的表決程序，理應適用附件二關於第三屆立法會產生辦法的規定和附件二關於法案、議案的表決程序的規定。對

此，解釋草案第四條按照上述內容作了解釋。

　　委員長、各位副委員長、秘書長、各位委員：香港基本法對香港民主制度發展的原則，對行政長官和立法會全部議員最終由普選產生的目標，都作出了明確的規定。香港回歸祖國以來，香港的民主制度取得了積極的、穩步的發展，香港居民當家作主，依法享有在回歸前從未有過的廣泛的民主權利。香港的民主制度，將根據香港基本法的規定，在實踐中進一步發展和完善。

　　《全國人民代表大會常務委員會關於〈中華人民共和國香港特別行政區基本法〉附件一第七條和附件二第三條的解釋（草案）》和以上說明是否妥當，請審議。

全國人民代表大會常務委員會關於《中華人民共和國香港特別行政區基本法》第五十三條第二款的解釋

2005 年 4 月 27 日第十屆全國人民代表大會
常務委員會第十五次會議通過

　　第十屆全國人民代表大會常務委員會第十五次會議審議了國務院《關於提請解釋〈中華人民共和國香港特別行政區基本法〉第五十三條第二款的議案》。根據《中華人民共和國憲法》第六十七條第四項和《中華人民共和國香港特別行政區基本法》第一百五十八條第一款的規定，並徵詢全國人民代表大會常務委員會香港特別行政區基本法委員會的意見，全國人民代表大會常務委員會對《中華人民共和國香港特別行政區基本法》第五十三條第二款的規定，作如下解釋：

　　《中華人民共和國香港特別行政區基本法》第五十三條第二款中規定："行政長官缺位時，應在六個月內依本法第四十五條的規定產生新的行政長官。"其中"依本法第四十五條的規定產生新的行政長官"，既包括新的行政長官應依據《中華人民共和國香港特別行政區基本法》第四十五條規定的產生辦法產生，也包括新的行政長官的任期應依據《中華人民共和國香港特別行政區基本法》第四十五條規定

117

的產生辦法確定。

《中華人民共和國香港特別行政區基本法》第四十五條第三款規定：“行政長官產生的具體辦法由附件一《香港特別行政區行政長官的產生辦法》規定。”附件一第一條規定：“行政長官由一個具有廣泛代表性的選舉委員會根據本法選出，由中央人民政府任命。”第二條規定：“選舉委員會每屆任期五年。”第七條規定：“二〇〇七年以後各任行政長官的產生辦法如需修改，須經立法會全體議員三分之二多數通過，行政長官同意，並報全國人民代表大會常務委員會批准。”上述規定表明，二〇〇七年以前，在行政長官由任期五年的選舉委員會選出的制度安排下，如出現行政長官未任滿《中華人民共和國香港特別行政區基本法》第四十六條規定的五年任期導致行政長官缺位的情況，新的行政長官的任期應為原行政長官的剩餘任期；二〇〇七年以後，如對上述行政長官產生辦法作出修改，屆時出現行政長官缺位的情況，新的行政長官的任期應根據修改後的行政長官具體產生辦法確定。

現予公告。

關於《全國人民代表大會常務委員會關於〈中華人民共和國香港特別行政區基本法〉第五十三條第二款的解釋（草案）》的說明

2005 年 4 月 24 日在第十屆全國人民代表大會
常務委員會第十五次會議上

全國人大常委會法制工作委員會副主任　李飛

委員長、各位副委員長、秘書長、各位委員：

　　我受委員長會議的委託，現對《全國人民代表大會常務委員會關於〈中華人民共和國香港特別行政區基本法〉第五十三條第二款的解釋（草案）》作說明。

　　4 月 6 日，香港特別行政區署理行政長官曾蔭權依據《中華人民共和國香港特別行政區基本法》（以下簡稱"香港基本法"）第四十三條和第四十八條第二項所賦予的職權，向國務院提交了《關於請求國務院提請全國人民代表大會常務委員會就〈中華人民共和國香港特別行政區基本法〉第五十三條第二款作出解釋的報告》。該《報告》稱，3 月 12 日國務院批准了董建華先生辭去香港特別行政區行政長官職務的請求，根據香港基本法及香港特區《行政長官選舉條例》的有關規定，須於 7 月 10 日選舉新的行政長官。特區政府認為，補選產生的新的行政長官的任期為原行政長官任期的餘下部分。據此，特區政府需要修訂《行政長官選舉條例》，把行政長官職位在原行政長官任內出缺時經補選產生的新的行政長官的任期，以清晰明確的條文規定下來。但香港社會對此出現兩種不同意見。有的意見支持應當是剩餘任期，有的意見認為應是新的一屆五年任期。而且，已經有立法會議員及個別市民公開表示會就《行政長官選舉條例》的修訂草案提出司法覆核。事實上，法庭在 4 月 4 日已收到一個司法覆核申請。因此，特區政府現時面對兩個問題：（1）為確保修訂草案的立法程序如期完成，需要有對香港基本法有關條文的權威性及決定性的法律解釋，方可為本地立法提供穩固的基礎；（2）如出現司法覆核情況，司法程序一經展開，需要一段較長時間才能完成，極有可能不能依法如期在 7 月 10 日選出新的行政長官。倘若不能依法如期在 7 月 10 日選出新的行政長官，對政府制訂重要政策、施政及正常運作，都會帶來不良影響，甚至可能引發憲制危機。同時，這會令特區居民和國際社會對特區執行香港基本法的決心和能力產生疑問，亦會對金融市場的運作、對投資者的信心，帶來負面的影響。這些都不利於香港的穩定繁榮。為此，向國務院報告，建議提請全國人大常委會對香港基本法第五十三條第二款就新的行政長官的任期作出解釋。

國務院研究了香港特別行政區署理行政長官曾蔭權提交的《報告》，認為《報告》中提出的問題關係到香港基本法第五十三條第二款的正確實施，關係到香港特區新的行政長官的順利產生和此後中央人民政府對行政長官的任命，因此，向全國人大常委會提出《關於提請解釋〈中華人民共和國香港特別行政區基本法〉第五十三條第二款的議案》。全國人大常委會委員長會議審議了國務院的議案，為了保證香港基本法的正確實施，根據《中華人民共和國憲法》第六十七條第四項關於全國人大常委會解釋法律的規定和香港基本法第一百五十八條關於"本法的解釋權屬於全國人民代表大會常務委員會"的規定，認為由全國人大常委會就香港基本法有關條款進行解釋，是必要和適當的。為此，委員長會議提出了《全國人民代表大會常務委員會關於〈中華人民共和國香港特別行政區基本法〉第五十三條第二款的解釋（草案）》，並依照香港基本法的規定，徵詢了全國人大常委會香港特別行政區基本法委員會的意見。同時，還先後聽取了香港特別行政區全國人大代表、全國政協委員和包括法律界在內的香港各界人士的意見。現將草案的內容說明如下：

對於行政長官的選舉和任命的基本原則，香港基本法第四十五條作了規定，該條並規定了由香港基本法附件一規定行政長官產生的具體辦法；對於行政長官因故缺位情況下如何產生新的行政長官，香港基本法第五十三條作了規定，該條明確規定應按照香港基本法第四十五條的規定產生新的行政長官；對於行政長官的任期，香港基本法第四十六條規定了正常情況下每一任行政長官的任職期限以及對行政長官連任屆次的限制，即香港特別行政區行政長官任期五年，可連任一次。但是，該條中未規定行政長官缺位情況下產生的新的行政長官的任期計算問題。

香港基本法起草委員會在起草基本法第五十三條有關規定時，政治體制專題小組對於行政長官缺位情況下產生的新的行政長官，其任期是重新起算的五年任期，還是原行政長官的剩餘任期，曾經進行過一定程度的討論，為此香港基本法草案的有關條文在表述上發生過明顯變化。1987 年 12 月最初形成的香港基本法各章條文草稿匯編中規定：“香港特別行政區行政長官缺位時，應在六個月內選出新的行政長官。”1988 年 4 月公佈的香港基本法（草案徵求意見稿）將此規定修改為：“行政長官缺位時，應在六個月內產生新的一屆行政長官”。1989 年 2 月公佈的香港基本法（草案），以及 1990 年 4 月七屆全國人大三次會議通過的香港基本法第五十三條第二款，將這一規定又修改為：“行政長官缺位時，應在六個月內依本法第四十五條的規定產生新的行政長官”。其中，刪去了“一屆”二字，把“新的一屆行政長官”改為“新的行政長官”；並且在刪去“一屆”二字的同時，增加規定了新的行政長官須“依本法第四十五條的規定產生”的內容。這表明，行政長官缺位後，新的行政長官應依據香港基本法第四十五條規定的產生辦法產生，同時，新的行政長官的任期也應依據香港基本法第四十五條規定的產生辦法確定。

香港基本法第四十五條第一款規定：“香港特別行政區行政長官在當地通過選舉或協商產生，由中央人民政府任命”；第二款規定：“行政長官的產生辦法根據香港特別行政區的實際情況和循序漸進的原則而規定，最終達至由一個有廣泛代表性的提名委員會按民主程序提名後普選產生的目標”；第三款規定：“行政長官產生的具體辦法由附件一《香港特別行政區行政長官的產生辦法》規定”。上述第一款和第二款主要規定了選舉和任命行政長官的基本原則，依據第三款的規定在香港基本法附件一中規定了行政長官產生的具體辦法。

香港基本法附件一第一條規定：“行政長官由一個具有廣泛代表性的選舉委員會根據本法選出，由中央人民政府任命”；第二條規定：“選舉委員會每屆任期五年”。設立一個任期為五年的選舉委員會，其法定職責和任務就是選舉行政長官，其中一個重要目的就是為了便於在五年中行政長官缺位時能夠及時選出新的行政長官。同時，選舉委員會任期五年，也表明其職責範圍是負責選出五年任期的行政長官，而不能產生跨過五年任期的行政長官。這是香港基本法作出的一種獨特的制度安排。因此，在行政長官五年任期屆滿前缺位的情況下，由該選舉委員會選出的新的行政長官，只能完成原行政長官未任滿的剩餘任期，而不能跨過五年任期。與此同時，香港基本法附件一第七條規定：“二〇〇七年以後各任行政長官的產生辦法如需修改，須經立法會全體議員三分之二多數通過，行政長官同意，並報全國人民代表大會常務委員會批准。”對附件一的這一規定，香港基本法起草委員會主任委員姬鵬飛在關於香港基本法草案的說明中專門闡明行政長官“在 1997 年至 2007 年的十年內由有廣泛代表性的選舉委員會選舉產生”的原則，表明在香港特區成立後的頭十年內，是按兩個五年任期的行政長官來安排的，即只能產生任期各五年的第一任、第二任行政長官，其任期不應超過 2007 年。2007 年以後如有需要可以對行政長官的產生辦法進行修改，如果香港基本法附件一對上述行政長官的產生辦法作出修改，則那時行政長官缺位後產生的新的行政長官的任期，要依屆時的行政長官的產生辦法來確定。

根據香港基本法附件一的規定，2004 年 4 月《全國人民代表大會常務委員會關於香港特別行政區 2007 年行政長官和 2008 年立法會產生辦法有關問題的決定》也做了相應的規定，即"2007 年香港特別行政區第三任行政長官的選舉，不實行由普選產生的辦法。"在此前提下，"2007 年香港特別行政區第三任行政長官的具體產生辦法"，可以"作出符合循序漸進原則的適當修改"。這些規定表明，第三任行政長官將在 2007 年根據屆時的產生辦法選舉產生，此前第二任行政長官缺位後產生的新的行政長官，其任期只能是原行政長官未任滿的剩餘任期，而不是重新起算的五年任期。

當前，香港特區政府政制發展專責小組正在就 2007 年第三任行政長官的產生辦法如何修改進行廣泛的公眾諮詢。香港廣大公眾對在原有基礎上通過行政長官產生辦法的適當修改從而按照新的方式選舉第三任行政長官充滿着期待。中央政府也真誠地期望在香港各界人士達成共識的基礎上對行政長官的產生辦法作出體現香港民主進程的進一步的修改。按照立法原意明確行政長官缺位後產生的新的行政長官的任期為原行政長官未完成的剩餘任期，使得在 2007 年香港特區可以按照基本法的規定和全國人大常委會的有關決定循序漸進地發展香港的民主，從而逐步創造條件向最終達至普選的目標邁進。這樣做完全是按照香港基本法的規定辦事，是完全符合香港社會各界的利益的。

《全國人民代表大會常務委員會關於〈中華人民共和國香港特別行政區基本法〉第五十三條第二款的解釋（草案）》和以上說明是否妥當，請審議。

全國人民代表大會常務委員會關於《中華人民共和國香港特別行政區基本法》第十三條第一款和第十九條的解釋

2011 年 8 月 26 日第十一屆全國人民代表大會
常務委員會第二十二次會議通過

　　第十一屆全國人民代表大會常務委員會第二十二次會議審議了委員長會議關於提請審議《全國人民代表大會常務委員會關於〈中華人民共和國香港特別行政區基本法〉第十三條第一款和第十九條的解釋（草案）》的議案。委員長會議的議案是應香港特別行政區終審法院依據《中華人民共和國香港特別行政區基本法》第一百五十八條第三款的規定提請全國人民代表大會常務委員會解釋《中華人民共和國香港特別行政區基本法》有關規定的報告提出的。

　　香港特別行政區終審法院在審理一起與剛果民主共和國有關的案件時，涉及香港特別行政區是否應適用中央人民政府決定採取的國家豁免規則或政策的問題。為此，香港特別行政區終審法院依據《中華人民共和國香港特別行政區基本法》第一百五十八條第三款的規定，提請全國人民代表大會常務委員會解釋如下問題："（1）根據第十三條第一款的真正解釋，中央人民政府是否有權力決定中華人民共和國的國家豁免規則或政策；（2）如有此權力的話，根據第十三條第一款和第十九條的真正解釋，香港特別行政區（'香港特區'）（包括香港特區的法院）是否：①有責任援用或實施中央人民政府根據第十三條第一款所決定的國家豁免規則或政策；或②反之，可隨意偏離中央人民政府根據第十三條第一款所決定的國家豁免規則或政策，並採取一項不同的規則；（3）中央人民政府決定國家豁免規則或政策是否屬於《基本法》第十九條第三款第一句中所說的'國防、外交等國家行為'；以及（4）香港特區成立後，第十三條第一款、第十九條和香港作為中華人民共和國的特別行政區的地位，對香港原有（即1997年7月1日之前）的有關國家豁免的普通法（如果這些法律與中央人民政府根據第十三條第一款所決定的國家豁免規則或政策有抵觸）所帶來的影響，是否令到這些普通法法律，須按照《基本法》第八條和第一百六十條及於1997年2月23日根據第一百六十條作出的《全國人民代表大會常務委員會的決定》的規定，在適用時作出必要的變更、適應、限制或例外，以確保關於這方面的普通法符合中央人民政府所決定的國家豁免規則或政策。"香港特別行政區終審法院上述提請解釋的做法符合《中華人民共和國香港特別行政區基本法》第一百五十八條第三款的規定。

根據《中華人民共和國憲法》第六十七條第（四）項和《中華人民共和國香港特別行政區基本法》第一百五十八條的規定，並徵詢全國人民代表大會常務委員會香港特別行政區基本法委員會的意見，全國人民代表大會常務委員會就香港特別行政區終審法院提請解釋的《中華人民共和國香港特別行政區基本法》第十三條第一款和第十九條的規定以及相關問題，作如下解釋：

一、關於香港特別行政區終審法院提請解釋的第（1）個問題。依照《中華人民共和國憲法》第八十九條第（九）項的規定，國務院即中央人民政府行使管理國家對外事務的職權，國家豁免規則或政策屬於國家對外事務中的外交事務範疇，中央人民政府有權決定中華人民共和國的國家豁免規則或政策，在中華人民共和國領域內統一實施。基於上述，根據《中華人民共和國香港特別行政區基本法》第十三條第一款關於"中央人民政府負責管理與香港特別行政區有關的外交事務"的規定，管理與香港特別行政區有關的外交事務屬於中央人民政府的權力，中央人民政府有權決定在香港特別行政區適用的國家豁免規則或政策。

二、關於香港特別行政區終審法院提請解釋的第（2）個問題。依照《中華人民共和國香港特別行政區基本法》第十三條第一款和本解釋第一條的規定，中央人民政府有權決定在香港特別行政區適用的國家豁免規則或政策；依照《中華人民共和國香港特別行政區基本法》第十九條和本解釋第三條的規定，香港特別行政區法院對中央人民政府決定國家豁免規則或政策的行為無管轄權。因此，香港特別行政區法院在審理案件時遇有外國國家及其財產管轄豁免和執行豁免問題，須適用和實施中央人民政府決定適用於香港特別行政區的國家豁免規則或政策。基於上述，根據《中華人民共和國香港特別行政區基本法》第十三條第一款和第十九條的規定，香港特別行政區，包括香港特別行政區法院，有責任適用或實施中央人民政府決定採取的國家豁免規則或政策，不得偏離上述規則或政策，也不得採取與上述規則或政策不同的規則。

三、關於香港特別行政區終審法院提請解釋的第（3）個問題。國家豁免涉及一國法院對外國國家及其財產是否擁有管轄權，外國國家及其財產在一國法院是否享有豁免，直接關係到該國的對外關係和國際權利與義務。因此，決定國家豁免規則或政策是一種涉及外交的國家行為。基於上述，《中華人民共和國香港特別行政區基本法》第十九條第三款規定的"國防、外交等國家行為"包括中央人民政府決定國家豁免規則或政策的行為。

四、關於香港特別行政區終審法院提請解釋的第（4）個問題。依照《中華人民共和國香港特別行政區基本法》第八條和第一百六十條的規定，香港原有法律只有在不抵觸《中華人民共和國香港特別行政區基本法》的情況下才予以保留。根據《全國人民代表大會常務委員會關於根據〈中華人民共和國香港特別行政區基本法〉第一百六十條處理香港原有法律的決定》第四條的規定，採用為香港特別行政區法律的香港原有法律，自 1997 年 7 月 1 日起，在適用時，應作出必要的變更、適應、限制或例外，以符合中華人民共和國對香港恢復行使主權後香港的地位和《基本法》的有關規定。香港特別行政區作為中華人民共和國一個享有高度自治權的地方行政區域，直轄於中央人民政府，必須執行中央人民政府決定的國家豁免規則或政策。香港原有法律中有關國家豁免的規則必須符合上述規定才能在 1997 年 7 月 1 日後繼續適用。基於上述，根據《中華人民共和國香港特別行政區基本法》第十三條第一款和第十九條的規定，依照《全國人民代表大會常務委員會關於根據〈中華人民共和國香港特別行政區基本法〉第一百六十條處理香港原有法律的決定》採用為香港特別行政區法律的香港原有法律中有關國家豁免的規則，從 1997 年 7 月 1 日起，在適用時，須作出必要的變更、適應、限制或例外，以符合中央人民政府決定採取的國家豁免規則或政策。

現予公告。

關於《全國人民代表大會常務委員會關於〈中華人民共和國香港特別行政區基本法〉第十三條第一款和第十九條的解釋（草案）》的説明

2011 年 8 月 24 日在第十一屆全國人民代表大會
常務委員會第二十二次會議上

全國人大常委會法制工作委員會副主任　李飛

全國人民代表大會常務委員會：

我受委員長會議委託，現對《全國人民代表大會常務委員會關於〈中華人民共和國香港特別行政區基本法〉第十三條第一款和第十九條的解釋（草案）》作説明。

2011 年 6 月 30 日，香港特別行政區終審法院（以下簡稱香港終審法院）依據《中華人民共和國香港特別行政區基本法》（以下簡稱香港基本法）第一百五十八條第三款的規定，提請全國人大常委會對香港基本法第十三條第一款和第十九條進行解釋。

全國人大常委會委員長會議審議了香港終審法院提請解釋香港基本法有關條款的報告，認為香港終審法院在審理有關案件中，涉及對香港基本法關於中央人民政府管理的事務及中央和香港特別行政區關係條款的解釋，而該條款的解釋又影響到案件的判決，香港終審法院依據香港基本法第一百五十八條第三款的規定，在對該案件作出不可上訴的終局判決前，提請全國人大常委會對有關條款作出解釋，符合香港基本法的規定，是必要和適當的。

香港終審法院提請全國人大常委會對香港基本法有關條款進行解釋的背景是：2008 年 5 月，一家在美國註冊的公司（FG Hemisphere Associates LLC）向香港特別行政區高等法院原訟法庭提起訴訟，要求執行兩項國際仲裁裁決。該訴訟以剛果民主共和國為被告、中國中鐵股份有限公司及其三家子公司為連帶被告。剛果民主共和國和中國中鐵股份有限公司及其子公司主張，剛果民主共和國享有國家豁免，香港法院對剛果民主共和國無司法管轄權。剛果民主共和國多次通過外交渠道向我國政府提出交涉。鑒於案件涉及國家主權和中央人民政府的外交權力，經授權，外交部通過駐香港特派員公署向香港特別行政區政府政制及內地事務局先後發出三封函件，說明中央人民政府關於國家豁免問題的立場，指出我國一貫堅持的國家豁免原則並且統一適用於全國，包括香港特別行政區；香港特別行政區如果實行與中央立場不一致的國家豁免原則將對國家主權造成損害等。上述函件均由香港特別行政區政府律政司司長作為證據轉交香港特別行政區法院。由於案件涉及香港基本法實施的重大法律問題，香港特別行政區政府律政司司長依法以介入人身份參與訴訟。此案先後經香港高等法院原訟法庭、上訴法庭、終審法院開庭審理。2011 年 6 月 8 日，香港終審法院作出臨時判決，裁定香港特別行政區應遵循中央人民政府決定採取的國家豁免規則，剛果民主共和國享有國家豁免，香港法院對剛果民主共和國無司法管轄權。鑒於上述臨時判決涉及對香港基本法關於中央人民政府管理的事務及中央和香港特別行政區關係條款的解釋，按照香港基本法第一百五十八條第三款的規定，香港終審法院認為有責任在作出終局判決前提請全國人大常委會解釋香港基本法第十三條第一款和第十九條。在全國人大常委會對香港基本法有關條款作出解釋後，香港終審法院將依據全國人大常委會的解釋作出最終判決。香港終審法院提請解釋以下 4 個問題：

"（1）根據第十三條第一款的真正解釋，中央人民政府是否有權力決定中華人民共和國的國家豁免規則或政策；

（2）如有此權力的話，根據第十三條第一款和第十九條的真正解釋，香港特別行政區（'香港特區'）（包括香港特區的法院）是否：

①有責任援用或實施中央人民政府根據第十三條第一款所決定的國家豁免規則或政策；或

②反之，可隨意偏離中央人民政府根據第十三條第一款所決定的國家豁免規則或政策，並採取一項不同的規則；

（3）中央人民政府決定國家豁免規則或政策是否屬於《基本法》第十九條第三款第一句中所說的'國防、外交等國家行為'；以及

（4）香港特區成立後，第十三條第一款、第十九條和香港作為中華人民共和國的特別行政區的地位，對香港原有（即 1997 年 7 月 1 日之前）的有關國家豁免的普通法（如果這些法律與中央人民政府根據第十三條第一款所決定的國家豁免規則或政策有抵觸）所帶來的影響，是否令到這些普通法法律，須按照《基本法》第八條和第

133

一百六十條及於 1997 年 2 月 23 日根據第一百六十條作出的《全國人民代表大會常務委員會的決定》的規定，在適用時作出必要的變更、適應、限制或例外，以確保關於這方面的普通法符合中央人民政府所決定的國家豁免規則或政策。"

根據《中華人民共和國憲法》第六十七條第（四）項和香港基本法第一百五十八條的規定，委員長會議提出了《全國人民代表大會常務委員會關於〈中華人民共和國香港特別行政區基本法〉第十三條第一款和第十九條的解釋（草案）》，並依照香港基本法的規定，徵詢了全國人大常委會香港特別行政區基本法委員會的意見。現就草案的內容說明如下：

一、國家豁免屬於外交事務範疇

國家豁免是國際社會普遍接受的國際法原則。國家豁免的具體含義是：（一）未經一國放棄司法管轄豁免，另一國不得受理和審判以該國為被告的訴訟；（二）即使一國已放棄了司法管轄豁免，如未經該國放棄執行豁免，另一國法院不得對該國國家財產採取強制措施。國家豁免建基於國家主權和平等的原則，既是一個法律問題，又是一個涉及國家對外關係的政策問題。作為法律問題，它涉及一國法院對外國國家及其財產是否擁有管轄權，外國國家及其財產在一國法院是否享有豁免權。作為國家對外政策問題，它直接關係到一國與外國國家的關係和該國對外政策的實施，直接涉及國家的對外關係和利益，各國都按照本國國情需要和對外政策，採用符合本國利益的國家豁免制度。因此，香港基本法第十三條第一款規定的"外交事務"，包括有關決定和實行國家豁免規則或政策方面的事務。

二、決定國家豁免規則或政策是中央的權力

我國是單一制國家，外交政策從來都是統一的，這是維護國家主權、統一和領土完整的必然要求，因此，我國政府對香港的基本方針政策中，十分強調外交權屬於中央的原則。1984 年 12 月 19 日簽署的中英關於香港問題的聯合聲明規定，外交事務屬中央人民政府管理。1984 年 11 月 6 日吳學謙國務委員兼外交部長向全國人大常委會所作的《關於中英關於香港問題協議文件的報告》中特別強調，"外交和國防是國家主權的重要標誌，外交事務由中央人民政府統一管理。"我國採用何種國家豁免原則，涉及我國與外國的關係，涉及我國的國際權利和國際義務，是國家外交事務的重要組成部分。我國憲法第八十九條第（九）項規定國務院管理對外事務，基於此項規定，中央人民政府有權決定我國的國家豁免規則或政策，並在全國範圍內統一實施。香港基本法第十三條第一款規定"中央人民政府負責管理與香港特別行政區有關的外交事務"，體現了外交權屬於中央，處理外交事務不屬於香港特別行政區高度自治權範圍。因此，按照香港基本法第十三條第一款的規定，管理與香港特別行政區有關的外交事務屬於中央人民政府的權力，中央人民政府有權決定在香港特別行政區適用的國家豁免規則或政策。這一理解與我國憲法規定的中央人民政府在這方面的權力完全一致。

三、我國目前實行的國家豁免規則或政策

我國堅持奉行國家豁免這一維護國家間關係正常發展的重要法律

原則，即我國法院不管轄、實踐中也從未處理以外國國家為被告或針對外國國家財產的案件；同時，我國也不接受外國法院對以我國國家為被告或針對我國國家財產的案件享有管轄權。我國採取的這種國家豁免立場，通常被稱為"絕對豁免"。我國的國家豁免立場，體現在我國政府對外正式聲明和實踐之中，這是一個法律事實，並為國際社會廣泛了解。在國與國之間實行國家豁免的實踐中，有些國家對國家豁免規定了例外情況，把國家的商業活動和用於商業活動的財產等排除在國家豁免的範圍之外，這種做法通常被稱為"限制豁免"。這裏需要說明的是，2005 年 9 月 14 日，我國簽署了《聯合國國家及其財產管轄豁免公約》，該公約在賦予外國國家及其財產管轄豁免和執行豁免的同時，對國家豁免規定若干例外，把國家的商業活動和用於商業活動的財產等排除在國家豁免的範圍之外。但該公約尚未生效，全國人大常委會也未批准該公約，目前我國仍然實行一貫堅持的國家豁免規則和政策。

四、香港特別行政區須遵循國家統一的國家豁免規則或政策

按照香港基本法第十三條第一款的規定，中央人民政府有權決定在香港特別行政區適用的國家豁免規則或政策，同時按照香港基本法第十九條的規定，香港特別行政區法院對中央人民政府決定國家豁免規則或政策的行為無管轄權，因此，香港特別行政區，包括香港特別行政區法院，必須遵循中央人民政府決定的國家豁免規則或政策。這是 1997 年 7 月 1 日中國政府對香港恢復行使主權的必然結果，是香港基本法第一條和第十二條規定的香港特別行政區地位所決定的，也

是貫徹落實香港基本法第十三條第一款規定的內在要求。基於上述，根據香港基本法第十三條第一款和第十九條的規定，香港特別行政區，包括香港特別行政區法院，必須適用和實施中央人民政府決定採取的國家豁免規則或政策，不得偏離這種規則或政策，也不得採取與這種規則或政策不同的規則。

五、決定國家豁免規則或政策的行為屬於國家行為

我國作為一個主權國家享有國家豁免，同時，我國也賦予外國國家及其財產在我國享有國家豁免。中央人民政府決定國家豁免規則或政策的行為，體現了國家主權，是涉及外交的國家行為。決定適用於香港特別行政區的國家豁免規則或政策，是中央人民政府在《中華人民共和國憲法》賦予的職權範圍內，履行《中華人民共和國香港特別行政區基本法》規定的管理與香港特別行政區有關的外交事務的權力的行為。香港基本法第十九條第三款規定，"香港特別行政區法院對國防、外交等國家行為無管轄權"，這裏規定的"國家行為"包括中央人民政府決定國家豁免規則或政策的行為。香港特別行政區作為我國的一個地方行政區域，依法享有高度自治權，但不具有決定國家豁免規則或政策的權力。需要特別指出的是，香港基本法第十九條第三款專門規定香港特別行政區法院對國防、外交等國家行為無管轄權，是與香港基本法關於中央與香港特別行政區權力關係的界定緊密聯繫在一起的。香港基本法起草委員會主任委員姬鵬飛在香港基本法草案及其有關文件的說明中指出，"草案所規定的由全國人大常委會或中央人民政府行使的職權或負責管理的事務，都是體現國家主權所必不

可少的"。香港基本法第十三條第一款明確規定，管理與香港特別行政區有關的外交事務屬於中央人民政府的權力，與此相適應，香港特別行政區法院對涉及外交的國家行為無管轄權。

六、香港原有法律中不符合我國國家豁免規則或政策的規定不再有效

對於香港原有法律，香港基本法第八條規定，"香港原有法律，即普通法、衡平法、條例、附屬立法和習慣法，除同本法相抵觸或經香港特別行政區的立法機關作出修改者外，予以保留。"第一百六十條第一款規定，"香港特別行政區成立時，香港原有法律除由全國人民代表大會常務委員會宣佈為同本法抵觸者外，採用為香港特別行政區法律，如以後發現有的法律與本法抵觸，可依照本法規定的程序修改或停止生效。"1997 年 2 月 23 日通過的《全國人民代表大會常務委員會關於根據〈中華人民共和國香港特別行政區基本法〉第一百六十條處理香港原有法律的決定》明確規定："採用為香港特別行政區法律的香港原有法律，自 1997 年 7 月 1 日起，在適用時，應作出必要的變更、適應、限制或例外，以符合中華人民共和國對香港恢復行使主權後香港的地位和《基本法》的有關規定"；"除符合上述原則外，原有的條例或附屬立法中：（一）規定與香港特別行政區有關的外交事務的法律，如與在香港特別行政區實施的全國性法律不一致，應以全國性法律為準，並符合中央人民政府享有的國際權利和承擔的國際義務"。根據香港基本法第十三條第一款和第十九條以及解釋草案第一條、第二條和第三條規定，香港特別行政區必須適用或實施中央人民政府決定的國家豁免規則或政策。如果香港特別行政區適用或實施與中央人民政府決定的國家豁免規則或政策不同的規定，將與香港基本法第十三條第一款和第十九條相抵觸，不符合香港特別行政區作為中華人民共和國的地方行政區域的地位。因此，依照 1997 年 2 月 23 日《全國人民代表大會常務委員會關於根據〈中華人民共和國香港特別行政區基本法〉第一百六十條處理香港原有法律的決定》採用為香港特別行政區法律的香港原有法律中有關國家豁免的規則，從 1997 年 7 月 1 日起，在適用時，應作出必要的變更、適應、限制或例外，以符合中央人民政府決定採用的國家豁免規則或政策；凡不符合中央人民政府決定採用的國家豁免規則或政策的香港原有法律中的有關國家豁免規則，不得繼續適用。

基於以上所述，解釋（草案）對香港終審法院提請解釋的四個問題，作出如下解釋：

一、關於香港特別行政區終審法院提請解釋的第（1）個問題。依照《中華人民共和國憲法》第八十九條第（九）項的規定，國務院即中央人民政府行使管理國家對外事務的職權，國家豁免規則或政策屬於國家對外事務中的外交事務範疇，中央人民政府有權決定中華人民共和國的國家豁免規則或政策，在中華人民共和國領域內統一實施。基於上述，根據《中華人民共和國香港特別行政區基本法》第十三條第一款關於“中央人民政府負責管理與香港特別行政區有關的外交事務”的規定，管理與香港特別行政區有關的外交事務屬於中央人民政府的權力，中央人民政府有權決定在香港特別行政區適用的國家豁免規則或政策。

二、關於香港特別行政區終審法院提請解釋的第（2）個問題。依照《中華人民共和國香港特別行政區基本法》第十三條第一款和本解釋第一條的規定，中央人民政府有權決定在香港特別行政區適用的國家豁免規則或政策；依照《中華人民共和國香港特別行政區基本法》第十九條和本解釋第三條的規定，香港特別行政區法院對中央人民政府決定國家豁免規則或政策的行為無管轄權。因此，香港特別行政區法院在審理案件時遇有外國國家及其財產管轄豁免和執行豁免問題，須適用和實施中央人民政府決定適用於香港特別行政區的國家豁免規則或政策。基於上述，根據《中華人民共和國香港特別行政區基本法》第十三條第一款和第十九條的規定，香港特別行政區，包括香港特別行政區法院，有責任適用或實施中央人民政府決定採取的國家豁免規則或政策，不得偏離上述規則或政策，也不得採取與上述規則或政策不同的規則。

三、關於香港特別行政區終審法院提請解釋的第（3）個問題。國家豁免涉及一國法院對外國國家及其財產是否擁有管轄權，外國國家及其財產在一國法院是否享有豁免，直接關係到該國的對外關係和國際權利與義務。因此，決定國家豁免規則或政策是一種涉及外交的國家行為。基於上述，《中華人民共和國香港特別行政區基本法》第十九條第三款規定的"國防、外交等國家行為"包括中央人民政府決定國家豁免規則或政策的行為。

四、關於香港特別行政區終審法院提請解釋的第（4）個問題。

依照《中華人民共和國香港特別行政區基本法》第八條和第一百六十條的規定，香港原有法律只有在不抵觸《中華人民共和國香港特別行政區基本法》的情況下才予以保留。根據《全國人民代表大會常務委員會關於根據〈中華人民共和國香港特別行政區基本法〉第一百六十條處理香港原有法律的決定》第四條的規定，採用為香港特別行政區法律的香港原有法律，自 1997 年 7 月 1 日起，在適用時，應作出必要的變更、適應、限制或例外，以符合中華人民共和國對香港恢復行使主權後香港的地位和《基本法》的有關規定。香港特別行政區作為中華人民共和國一個享有高度自治權的地方行政區域，直轄於中央人民政府，必須執行中央人民政府決定的國家豁免規則或政策。香港原有法律中有關國家豁免的規則必須符合上述規定才能在 1997 年 7 月 1 日後繼續適用。基於上述，根據《中華人民共和國香港特別行政區基本法》第十三條第一款和第十九條的規定，依照《全國人民代表大會常務委員會關於根據〈中華人民共和國香港特別行政區基本法〉第一百六十條處理香港原有法律的決定》採用為香港特別行政區法律的香港原有法律中有關國家豁免的規則，從 1997 年 7 月 1 日起，在適用時，須作出必要的變更、適應、限制或例外，以符合中央人民政府決定採取的國家豁免規則或政策。

全國人民代表大會常務委員會關於《中華人民共和國香港特別行政區基本法》第十三條第一款和第十九條的解釋（草案）和以上說明是否妥當，請審議。

全國人民代表大會常務委員會關於《中華人民共和國香港特別行政區基本法》第一百零四條的解釋

2016 年 11 月 7 日第十二屆全國人民代表大會
常務委員會第二十四次會議通過

　　第十二屆全國人民代表大會常務委員會第二十四次會議審議了委員長會議提請審議《全國人民代表大會常務委員會關於〈中華人民共和國香港特別行政區基本法〉第一百零四條的解釋（草案）》的議案。經徵詢全國人民代表大會常務委員會香港特別行政區基本法委員會的意見，全國人民代表大會常務委員會決定，根據《中華人民共和國憲法》第六十七條第四項和《中華人民共和國香港特別行政區基本法》第一百五十八條第一款的規定，對《中華人民共和國香港特別行政區基本法》第一百零四條"香港特別行政區行政長官、主要官員、行政會議成員、立法會議員、各級法院法官和其他司法人員在就職時必須依法宣誓擁護中華人民共和國香港特別行政區基本法，效忠中華人民共和國香港特別行政區"的規定，作如下解釋：

　　一、《中華人民共和國香港特別行政區基本法》第一百零四條規定的"擁護中華人民共和國香港特別行政區基本法，效忠中華人民共和國香港特別行政區",既是該條規定的宣誓必須包含的法定內容,也是參選或者出任該條所列公職的法定要求和條件。

二、《中華人民共和國香港特別行政區基本法》第一百零四條規定相關公職人員"就職時必須依法宣誓",具有以下含義:

(一) 宣誓是該條所列公職人員就職的法定條件和必經程序。未進行合法有效宣誓或者拒絕宣誓,不得就任相應公職,不得行使相應職權和享受相應待遇。

(二) 宣誓必須符合法定的形式和內容要求。宣誓人必須真誠、莊重地進行宣誓,必須準確、完整、莊重地宣讀包括"擁護中華人民共和國香港特別行政區基本法,效忠中華人民共和國香港特別行政區"內容的法定誓言。

(三) 宣誓人拒絕宣誓,即喪失就任該條所列相應公職的資格。宣誓人故意宣讀與法定誓言不一致的誓言或者以任何不真誠、不莊重的方式宣誓,也屬於拒絕宣誓,所作宣誓無效,宣誓人即喪失就任該條所列相應公職的資格。

(四) 宣誓必須在法律規定的監誓人面前進行。監誓人負有確保宣誓合法進行的責任,對符合本解釋和香港特別行政區法律規定的宣誓,應確定為有效宣誓;對不符合本解釋和香港特別行政區法律規定的宣誓,應確定為無效宣誓,並不得重新安排宣誓。

三、《中華人民共和國香港特別行政區基本法》第一百零四條所規定的宣誓,是該條所列公職人員對中華人民共和國及其香港特別行政區作出的法律承諾,具有法律約束力。宣誓人必須真誠信奉並嚴格遵守法定誓言。宣誓人作虛假宣誓或者在宣誓之後從事違反誓言行為的，依法承擔法律責任。

　　現予公告。

關於《全國人民代表大會常務委員會關於〈中華人民共和國香港特別行政區基本法〉第一百零四條的解釋（草案）》的説明

2016 年 11 月 5 日在第十二屆全國人民代表大會

常務委員會第二十四次會議上

全國人大常委會法制工作委員會副主任　張榮順

委員長、各位副委員長、秘書長、各位委員：

　　我受委員長會議的委託，現對《全國人民代表大會常務委員會關於〈中華人民共和國香港特別行政區基本法〉第一百零四條的解釋（草案）》作説明。

　　近年來，香港社會有些人公開宣揚"香港獨立"、"香港民族自決"等"港獨"或具有"港獨"性質的主張，引起包括廣大香港居民在內的全國人民的高度關注、憂慮和憤慨。"港獨"的本質是分裂國家，"港獨"言行嚴重違反"一國兩制"方針政策，嚴重違反國家憲法、香港基本法和香港特別行政區有關法律的規定，嚴重損害國家的統一、領土完整和國家安全，並且對香港的長期繁榮穩定造成了嚴重影響。

　　2016 年香港特別行政區第六屆立法會選舉過程中，一些宣揚"港獨"的人員報名參選，香港特別行政區選舉主任依法決定其中 6 名公開宣揚"港獨"主張的人不能獲得有效提名。10 月 12 日，在新當選的立法會議員宣誓儀式上，個別候任議員在宣誓時擅自篡改誓詞或在誓詞中增加其他內容，蓄意宣揚"港獨"主張，並侮辱國家和民族，被監誓人裁定宣誓無效。香港社會以至於立法會內部、立法會與特區政府之間，對上述宣誓的有效性、是否應該重新安排宣誓產生了意見分歧和爭議，並由此影響到立法會的正常運作。

鑒於上述情況，並考慮到有關爭議涉及對香港基本法有關條文的正確理解和執行，為有效打擊和遏制"港獨"活動，維護國家主權和領土完整，維護香港居民的根本利益和香港特別行政區的繁榮穩定，根據憲法第六十七條第四項關於全國人大常委會行使解釋法律的職權的規定和香港基本法第一百五十八條第一款"本法的解釋權屬於全國人民代表大會常務委員會"的規定，全國人大常委會委員長會議提出了《全國人民代表大會常務委員會關於〈中華人民共和國香港特別行政區基本法〉第一百零四條的解釋（草案）》。依照香港基本法第一百五十八條第四款的規定，該解釋（草案）已徵詢了全國人大常委會香港特別行政區基本法委員會的意見。現對解釋（草案）內容說明如下。

一、擁護中華人民共和國香港特別行政區基本法、效忠中華人民共和國香港特別行政區，是參選或者出任香港特別行政區有關公職的法定要求和條件

1984 年 6 月，鄧小平同志就明確指出，"港人治港有個界線和標準，就是必須由以愛國者為主體的港人來治理香港。"對於什麼是愛國者，鄧小平同志指出，"愛國者的標準是，尊重自己民族，誠心誠意擁護祖國恢復行使對香港的主權，不損害香港的繁榮和穩定。"香港基本法關於香港特別行政區行政長官以及行政機關、立法機關和司法機關組成人員的規定，貫穿着由以愛國者為主體的港人治理香港的原則，其中一項重要的要求是：行政長官、主要官員、行政會議成員、立法會議員、各級法院法官和其他司法人員都必須擁護中華人民共和國香港特別行政區基本法，效忠中華人民共和國香港特別行政區。在香港基本法具體條文起草過程中，這一要求與香港通行的就職宣誓制度結合起來，形成了香港基本法第一百零四條規定，即"香港特別行政區行政長官、主要官員、行政會議成員、立法會議員、各級法院法官和其他司法人員在就職時必須依法宣誓擁護中華人民共和國香港特別行政區基本法，效忠中華人民共和國香港特別行政區"。因此，香港基本法第一百零四條規定的"擁護中華人民共和國香港特別行政區基本法，效忠中華人民共和國香港特別行政區"，既是依法宣誓必須包含的法定內容，也是參選或者出任該條所列公職的法定要求和條件。

香港基本法頒佈後，對於香港基本法第一百零四條的規定，中央和香港特別行政區一直是這樣理解和執行的。1996年成立的全國人民代表大會香港特別行政區籌備委員會，在其制定的香港特別行政區第一任行政長官人選的產生辦法、臨時立法會的產生辦法和第一屆立法會的具體產生辦法中，都規定行政長官參選人、立法會議員候選人必須擁護中華人民共和國香港特別行政區基本法，願意效忠中華人民共和國香港特別行政區。全國人民代表大會香港特別行政區籌備委員會是全國人民代表大會決定設立的負責籌備成立香港特別行政區的權力機構，其所作出的決定和規定具有法律效力。按照香港基本法和籌委會上述決定，香港特別行政區制定的《行政長官選舉條例》第十六條和《立法會條例》第四十條作出了相應的規定，並在歷任行政長官和歷屆立法會選舉中得到遵循。鑒於在香港特別行政區第六屆立法會選舉中，出現了公開宣揚"港獨"的人參選並當選的情況，有必要明確參選或者出任香港基本法第一百零四條規定公職的人必須擁護中華人民共和國香港特別行政區基本法，效忠中華人民共和國香港特別行政區。為此，本解釋（草案）第一條規定："《中華人民共和國香港特別行政區基本法》第一百零四條規定的'擁護中華人民共和國香港特別行政區基本法，效忠中華人民共和國香港特別行政區'，既是該條規定的宣誓必須包含的法定內容，也是參選或者出任該條所列公職的法定要求和條件。"

需要特別說明的是，在香港宣揚和推動"港獨"，屬於香港基本法第二十三條明確規定禁止的分裂國家行為，從根本上違反香港基本法第一條關於"香港特別行政區是中華人民共和國不可分離的部分"、第十二條關於"香港特別行政區是中華人民共和國的一個享有高度自治權的地方行政區域，直轄於中央人民政府"等規定。宣揚"港獨"的人不僅沒有參選及擔任立法會議員的資格，而且應依法追究其法律責任。

二、關於香港基本法第一百零四條規定的"就職時必須依法宣誓"的含義

香港基本法第一百零四條規定有關公職人員"就職時必須依法宣誓"。按照法律規定及其實踐，這一規定至少具有四個層次的含義：第一，宣誓是該條規定的有關公職人員就職的法定條件和必經程序，未依照法定程序進行合法有效宣誓或者拒絕宣誓，有關公職人員不得就職，從而也不得行使相應的職權和享受相應的待遇。第二，宣誓是一項莊嚴的聲明，必須符合法定的形式和內容要求，即宣誓人的行為方式必須真誠、莊重，在宣誓內容上必須按照法律規定的誓言準確、完整、莊重地進行宣誓。第三，如果宣誓人拒絕宣誓，即喪失就任基本法第一百零四條所列相應公職的資格。宣誓人故意以行為、語言、服飾、道具等方式違反、褻瀆宣誓程序和儀式，或者故意改動、歪曲法定誓言或者宣讀與法定誓言不一致的誓言，也應認定該宣誓行為不符合宣誓的形式或實質要求，從而宣誓無效，宣誓人即喪失就任資格。至於不是出於宣誓人的故意而出現的不符合規範的情況，可允許宣誓人進行再次宣誓。第四，宣誓必須有監誓的安排。監誓人負有確保宣誓合法進行的責任，相應地也具有對宣誓是否有效作出決定的權力。對故意違反宣誓要求者，不得為其重新安排宣誓。為此，本解釋（草案）第二條規定："《中華人民共和國香港特別行政區基本法》第一百零四條規定相關公職人員'就職時必須依法宣誓'，具有以下含義：（一）宣誓是該條所列公職人員就職的法定條件和必經程序。未進行合法有效宣誓或者拒絕宣誓，不得就任相應公職，不得行使相應

職權和享受相應待遇。（二）宣誓必須符合法定的形式和內容要求。宣誓人必須真誠、莊重地進行宣誓，必須準確、完整、莊重地宣讀包括‘擁護中華人民共和國香港特別行政區基本法，效忠中華人民共和國香港特別行政區’內容的法定誓言。（三）宣誓人拒絕宣誓，即喪失就任該條所列相應公職的資格。宣誓人故意宣讀與法定誓言不一致的誓言或者以任何不真誠、不莊重的方式宣誓，也屬於拒絕宣誓，所作宣誓無效，宣誓人即喪失就任該條所列相應公職的資格。（四）宣誓必須在法律規定的監誓人面前進行。監誓人負有確保宣誓合法進行的責任，對符合本解釋和香港特別行政區法律規定的宣誓，應確定為有效宣誓；對不符合本解釋和香港特別行政區法律規定的宣誓，應確定為無效宣誓，並不得重新安排宣誓。”

需要特別說明的是，上述解釋內容是依法宣誓的必然含義，也是香港歷來有關宣誓的基本要求。香港回歸後，行政長官、主要官員、行政會議成員、絕大部分立法會議員、各級法院法官和其他司法人員都能夠按照基本法的要求依法進行就職宣誓，但個別立法會議員背離宣誓的基本要求，而且愈演愈烈。特別是香港特別行政區第六屆立法會議員宣誓時，個別候任議員在宣誓過程中破壞莊嚴的宣誓儀式，呼喊與宣誓無關的口號，不按法定誓言宣誓，甚至侮辱國家和民族。這些人的行為無論在形式上還是在內容上，都違反依法宣誓的要求，嚴重挑戰“一國兩制”的原則底線和香港基本法的規定。因此，進一步明確香港基本法第一百零四條關於“就職時必須依法宣誓”的規定，是維護香港基本法和法律尊嚴的要求，也是恢復立法會議員宣誓秩序的需要。

三、關於香港基本法第一百零四條規定的依法宣誓的法律約束力及其法律責任

宣誓是宣誓人以公開聲明的方式對國家和社會作出的莊嚴承諾，具有法律約束力，違反誓言必須承擔相應的法律責任。就香港基本法第一百零四條規定而言，依法宣誓擁護中華人民共和國香港特別行政區基本法，效忠中華人民共和國香港特別行政區，是該條所列公職人員對中華人民共和國及其香港特別行政區的一項法律承諾。宣誓是具有法律效力的法定行為，宣誓人必須真正贊同、真誠信奉誓言要求，並決心遵守誓言，同時也公開表明如果違反誓言，願意承擔相應的法律責任。這是香港基本法第一百零四條的題中應有之義。據此，本解釋（草案）第三條規定："《中華人民共和國香港特別行政區基本法》第一百零四條所規定的宣誓，是該條所列公職人員對中華人民共和國及其香港特別行政區作出的法律承諾，具有法律約束力。宣誓人必須真誠信奉並嚴格遵守法定誓言。宣誓人作虛假宣誓或者在宣誓之後從事違反誓言行為的，依法承擔法律責任。"

《全國人民代表大會常務委員會關於〈中華人民共和國香港特別行政區基本法〉第一百零四條的解釋（草案）》和以上說明是否妥當，請審議。

第三部分

全國人民代表大會及其常務委員會
關於實施基本法的其他相關決定

全國人民代表大會關於設立
香港特別行政區的決定

1990 年 4 月 4 日第七屆全國人民代表大會

第三次會議通過

第七屆全國人民代表大會第三次會議根據《中華人民共和國憲法》第三十一條和第六十二條第十三項的規定，決定：

一、自 1997 年 7 月 1 日起設立香港特別行政區。

二、香港特別行政區的區域包括香港島、九龍半島，以及所轄的島嶼和附近海域。香港特別行政區的行政區域圖由國務院另行公佈。

全國人民代表大會關於
《中華人民共和國香港特別行政區
基本法》的決定

1990 年 4 月 4 日第七屆全國人民代表大會
第三次會議通過

　　第七屆全國人民代表大會第三次會議通過《中華人民共和國香港特別行政區基本法》，包括附件一：《香港特別行政區行政長官的產生辦法》，附件二：《香港特別行政區立法會的產生辦法和表決程序》，附件三：《在香港特別行政區實施的全國性法律》，以及香港特別行政區區旗和區徽圖案。《中華人民共和國憲法》第三十一條規定："國家在必要時得設立特別行政區。在特別行政區內實行的制度按照具體情況由全國人民代表大會以法律規定。"香港特別行政區基本法是根據《中華人民共和國憲法》按照香港的具體情況制定的，是符合《憲法》的。香港特別行政區設立後實行的制度、政策和法律，以《香港特別行政區基本法》為依據。

　　《中華人民共和國香港特別行政區基本法》自 1997 年 7 月 1 日起實施。

關於《中華人民共和國香港特別行政區基本法（草案）》及其有關文件的説明

1990 年 3 月 28 日在第七屆全國人民代表大會
第三次會議上

中華人民共和國香港特別行政區
　　基本法起草委員會主任委員　　　姬鵬飛

各位代表：

　　中華人民共和國香港特別行政區基本法起草委員會經過四年零八個月的工作，業已完成起草基本法的任務。全國人大常委會已將《中華人民共和國香港特別行政區基本法（草案）》包括三個附件和香港特別行政區區旗、區徽圖案（草案），連同為全國人大代擬的《中華人民共和國全國人民代表大會關於香港特別行政區第一屆政府和立法會產生辦法的決定（草案）》和《香港特別行政區基本法起草委員會關於設立全國人民代表大會常務委員會香港特別行政區基本法委員會的建議》等文件提請全國人民代表大會審議。現在，我受香港特別行政區基本法起草委員會的委託就這部法律文件作如下説明。

　　根據《第六屆全國人民代表大會第三次會議關於成立中華人民共和國香港特別行政區基本法起草委員會的決定》，第六屆全國人大常委會第十一次會議任命了起草委員。1985 年 7 月 1 日，起草委員會正式成立並開始工作。在制定了工作規劃，確定了基本法結構之後，起草委員會設立了五個由內地和香港委員共同組成的專題小組，即中央和香港特別行政區的關係專題小組，居民的基本權利和義務專題小組，政治體制專題小組，經濟專題小組，教育、科學、技術、文化、體育和宗教專題小組，負責具體起草工作。在各專題小組完成條文的初稿之後，成立了總體工作小組，從總體上對條文進行調整和修改。1988 年 4 月，起草委員會第七次全體會議公佈了《中華人民共和國香港特別行政區基本法（草案）》徵求意見稿，用五個月的時間在香港和內地各省、自治區、直轄市及有關部門廣泛徵求了意見，並在這個基礎上對草案徵求意見稿作了一百多處修改。1989 年 1 月，起草委員會第八次全體會議採取無記名投票方式，對準備提交全國人大常委會的基本法（草案）以及附件和有關文件逐條逐件地進行了表決，除草案第十九條外，所有條文、附件和有關文件均以全體委員三分之二多數贊成獲得通過。同年 2 月，第七屆全國人大常委會第六次會議決定公佈基本法（草案）包括附件及其有關文件，在香港和內地各省、自治區、直轄市以及中央各部門，各民主黨派、人民團體和有關專家，人民解放軍各總部中廣泛徵求意見。經過八個月的徵詢期，起草委員會各專題小組在研究了各方面的意見後，共提出了專題小組的修改提案二十四個，其中包括對第十九條的修正案。在今年 2 月舉行的起草委員會第九次全體會議上，對這些提案採取無記名投票的方式逐案進行了表決，均以全體委員三分之二以上多數贊成獲得通過，並以此取代了原條文。至此，基本法（草案）包括附件及其有關文件的起草工作全部完成。

香港特別行政區區旗、區徽圖案的徵集、評選工作，由起草委員五人以及內地和香港的專家六人共同組成的香港特別行政區區旗區徽圖案評選委員會負責。在評委會對 7147 件應徵稿進行初選和複選後，起草委員會對入選的圖案進行了審議、評選，由於未能選出上報全國人大審議的圖案，又由評委會在應徵圖案的基礎上，集體修改出三套區旗、區徽圖案，經起草委員會第九次全體會議以無記名投票方式表決，從中選出了提交全國人民代表大會審議的區旗區徽圖案（草案），同時通過了基本法（草案）中關於區旗、區徽的第十條第二、三款。

四年多來，起草委員會先後舉行全體會議九次，主任委員會議二十五次，主任委員擴大會議兩次，總體工作小組會議三次，專題小組會議七十三次，香港特別行政區區旗區徽評選委員會也先後召開會議五次。

回顧四年多來的工作，應該說這部法律文件的起草是很民主，很開放的。在起草過程中，委員們和衷共濟，群策群力，每項條文的起草都是在經過了調查研究和充分討論後完成的，做到了既服從大多數人的意見，又尊重少數人的意見。每當召開各種會議，隨時向採訪會議的記者吹風，會後及時向香港特別行政區基本法諮詢委員會通報情況。基本法起草工作是在全國，特別是在香港廣大同胞和各方面人士的密切關注和廣泛參與下完成的。尤其需要指出的是，由香港各界人士組成的香港特別行政區基本法諮詢委員會對基本法的起草工作一直給予了積極有效的協助，他們在香港收集了大量有關基本法的意見和建議並及時向起草委員會作了反映。諮詢委員會的工作得到了起草委員們的好評。

各位代表，提請本次大會審議的基本法（草案），包括序言，第一章總則，第二章中央和香港特別行政區的關係，第三章居民的基本權利和義務，第四章政治體制，第五章經濟，第六章教育、科學、文化、體育、宗教、勞工和社會服務，第七章對外事務，第八章本法的解釋和修改，第九章附則，共有條文一百六十條。還有三個附件，即：附件一《香港特別行政區行政長官的產生辦法》，附件二《香港特別行政區立法會的產生辦法和表決程序》，附件三《在香港特別行政區實施的全國性法律》。

一、關於起草基本法的指導方針

"一個國家，兩種制度"是我國政府為實現祖國統一提出的基本國策。按照這一基本國策，我國政府制定了對香港的一系列方針、政策，主要是國家在對香港恢復行使主權時，設立特別行政區，直轄於中央人民政府，除國防、外交由中央負責管理外，香港特別行政區實行高度自治；在香港特別行政區不實行社會主義制度和政策，原有的資本主義社會、經濟制度不變，生活方式不變，法律基本不變；保持香港的國際金融中心和自由港的地位；並照顧英國和其他國家在香港的經濟利益。我國政府將上述方針政策載入了和英國政府共同簽署的關於香港問題的聯合聲明，並宣佈國家對香港的各項方針政策五十年不變，以基本法加以規定。"一國兩制"的構想及在此基礎上產生的對香港的各項方針政策，是實現國家對香港恢復行使主權，同時保持香港的穩定繁榮的根本保證，是符合我國人民，特別是香港同胞的根本利益的。

我國憲法第三十一條規定，"國家在必要時得設立特別行政區。在特別行政區內實行的制度按照具體情況由全國人民代表大會以法律規定。"我國是社會主義國家，社會主義制度是我國的根本制度，但為了實現祖國的統一，在我國的個別地區可以實行另外一種社會制度，即資本主義制度。現在提交的基本法（草案）就是以憲法為依據，以"一國兩制"為指導方針，把國家對香港的各項方針、政策用基本法律的形式規定下來。

二、關於中央和香港特別行政區的關係

中央和香港特別行政區的關係，是基本法的主要內容之一，不僅在第二章，而且在第一、第七、第八章以及其他各章中均有涉及。

草案第十二條規定："香港特別行政區是中華人民共和國的一個享有高度自治權的地方行政區域，直轄於中央人民政府。"這條規定明確了香港特別行政區的法律地位，是草案規定特別行政區的職權範圍及其同中央的關係的基礎。香港特別行政區是中華人民共和國不可分離的部分，是中央人民政府直轄的地方行政區域，同時又是一個實行與內地不同的制度和政策、享有高度自治權的特別行政區。因此，在基本法中既要規定體現國家統一和主權的內容，又要照顧到香港的特殊情況，賦予特別行政區高度的自治權。

草案所規定的由全國人大常委會或中央人民政府行使的職權或負責管理的事務，都是體現國家主權所必不可少的。如特別行政區的國防和外交事務由中央人民政府負責管理，行政長官和主要官員由中央人民政府任命；少數有關國防、外交和不屬於香港特別行政區自治範圍的全國性法律要在特別行政區公佈或立法實施，全國人大常委會決定宣佈戰爭狀態或因特別行政區發生其政府不能控制的危及國家統一或安全的動亂而決定特別行政區進入緊急狀態，中央人民政府可發佈命令將有關全國性法律在香港實施。除此以外，草案還規定，特別行政區應自行立法禁止任何叛國、分裂國家、煽動叛亂、顛覆中央人民政府及竊取國家機密的行為，禁止外國的政治性組織或團體在特別行政區進行政治活動，禁止特別行政區的政治性組織或團體與外國的政治性組織或團體建立聯繫。這對於維護國家的主權、統一和領土完整，維護香港的長期穩定和繁榮也是非常必要的。

　　草案所規定的特別行政區的高度自治權包括行政管理權、立法權、獨立的司法權和終審權，此外，經中央人民政府授權還可以自行處理一些有關的對外事務。應該説，特別行政區所享有的自治權是十分廣泛的。

　　在行政管理權方面，草案在規定特別行政區依照基本法的規定自行處理香港的行政事務的同時，還具體規定了特別行政區在諸如財政經濟、工商貿易、交通運輸、土地和自然資源的開發和管理、教育科技、文化體育、社會治安、出入境管制等各個方面的自治權。如規定特別行政區保持財政獨立，財政收入不上繳中央，中央不在特別行政區徵稅；自行制定貨幣金融政策，港幣為特別行政區的法定貨幣，其發行權屬於特別行政區政府。又如，規定特別行政區政府的代表可作為中國政府代表團的成員，參加同香港有關的外交談判；特別行政區可在經濟、貿易、金融、航運、通訊、旅遊、文化、體育等領域以"中國香港"的名義，單獨地同世界各國、各地區及有關國際組織保持和發展關係，簽定和履行有關協議。

在立法權方面，草案規定特別行政區立法機關制定的法律經行政長官簽署、公佈即生效，這些法律雖然須報全國人大常委會備案，但備案並不影響生效。同時草案還規定，全國人大常委會只是在認為特別行政區立法機關制定的任何法律不符合基本法關於中央管理的事務及中央和香港特別行政區的關係的條款時，才將有關法律發回，但不作修改。法律一經全國人大常委會發回，立即失效。這樣規定，符合"一國兩制"的原則，既符合憲法的規定又充分考慮了香港實行高度自治的需要。

根據憲法規定，解釋法律是全國人大常委會的職權。為了照顧香港的特殊情況，草案在規定基本法的解釋權屬於全國人大常委會的同時，授權香港特別行政區法院在審理案件時對本法關於特別行政區自治範圍內的條款可自行解釋。這樣規定既保證了全國人大常委會的權力，又有利於香港特別行政區行使其自治權。草案還規定，香港特別行政區法院在審理案件時對本法的其他條款也可解釋，只是在特別行政區法院對本法關於中央人民政府管理的事務或中央和特別行政區的關係的條款進行解釋，而該條款的解釋又影響到終局判決時，才應由香港特別行政區終審法院提請全國人大常委會作出解釋。香港特別行政區法院在引用該條款時，應以全國人大常委會的解釋為準。這樣規定可使香港特別行政區法院在審理案件時對涉及中央管理的事務或中央和特別行政區關係的條款的理解有所依循，不致由於不準確的理解而作出錯誤的判決。

草案規定特別行政區法院享有獨立的司法權和終審權，作為一個地方行政區域的法院而享有終審權，這無疑是一種很特殊的例外，考慮到香港實行與內地不同的社會制度和法律體系，這樣規定是必需的。香港現行的司法制度和原則一向對有關國防、外交等國家行為無管轄權，草案保留了這一原則，而且規定特別行政區法院在審理案件中遇到涉及國防、外交等國家行為的事實問題，應取得行政長官就此發出的證明文件，上述文件對法院有約束力。行政長官在發出證明文件前，須取得中央人民政府的證明書。這就妥善解決了有關國家行為的司法管轄問題，也保證了特別行政區法院正常行使其職能。

此外，為使全國人大常委會在就特別行政區立法機關制定的任何法律是否符合基本法關於中央管理的事務及中央和香港特別行政區的關係的條款、對附件三所列適用於香港的全國性法律的增減以及基本法的解釋或修改等問題作出決定時，能充分反映香港各界人士的意見，起草委員們建議，在基本法實施時，全國人大常委會應設立一個工作機構，這個機構由內地和香港人士共同組成，就上述問題向全國人大常委會提供意見。為此起草了《香港特別行政區基本法起草委員會關於設立全國人民代表大會常務委員會香港特別行政區基本法委員會的建議》。

三、關於居民的基本權利和義務

草案第三章規定香港特別行政區居民和在香港特別行政區境內的其他人享有的廣泛權利和自由，包括政治、人身、經濟、文化、社會和家庭等各個方面。草案關於香港居民的權利和自由的規定，有以下兩個基本特點。

（一）草案對香港居民的權利和自由賦予了多層次的保障。針對香港居民組成的特點，不僅規定了香港居民所一般享有的權利和自由，也規定了其中的永久性居民和中國公民的權利，還專門規定了香港居民以外的其他人依法享有香港居民的權利和自由。此外，在明文規定香港居民的各項基本權利和自由的同時，還規定香港居民享有特別行政區法律保障的其他權利和自由。根據《公民權利和政治權利國際公約》、《經濟、社會與文化權利的國際公約》和國際勞工公約在香港適用的情況，草案規定這些公約適用於香港的有關規定繼續有效，通過特別行政區的法律予以實施。草案除設專章規定香港居民的權利和自由外，還在其他有關章節中作了一些規定。通過這幾個層次的規定，廣泛和全面地保障了香港居民的權利和自由。

（二）草案所規定的香港居民的權利、自由和義務，是按照“一國兩制”的原則，從香港的實際情況出發的，如保護私有財產權、遷徙和出入境的自由、自願生育的權利和對保護私人和法人財產的具體規定等等。草案還明確規定，有關保障香港居民的基本權利和自由的制度，均以基本法為依據。

四、關於政治體制

第四章政治體制主要規定了香港特別行政區的行政、立法以及司法機關的組成、職權和相互關係，規定了香港特別行政區行政長官、主要官員、行政會議和立法會成員、各級法院法官和其他司法人員以及公務人員的資格、職權及有關政策，還規定了香港特別行政區可設立非政權性的區域組織等等。

香港特別行政區的政治體制，要符合"一國兩制"的原則，要從香港的法律地位和實際情況出發，以保障香港的穩定繁榮為目的。為此，必須兼顧社會各階層的利益，有利於資本主義經濟的發展；既保持原政治體制中行之有效的部分，又要循序漸進地逐步發展適合香港情況的民主制度。根據這一原則，本章以及附件一、附件二對香港特別行政區政治體制有以下一些主要規定：

（一）關於行政機關和立法機關的關係。行政機關和立法機關之間的關係應該是既互相制衡又互相配合；為了保持香港的穩定和行政效率，行政長官應有實權，但同時也要受到制約。草案規定，行政長官是香港特別行政區的首長，對中央人民政府和香港特別行政區負責。行政長官領導香港特別行政區政府；簽署法案並公佈法律，簽署財政預算案；行政長官如認為立法會通過的法案不符合香港特別行政區的整體利益，可將法案發回立法會重議，如行政長官拒絕簽署立法會再次通過的法案，或立法會拒絕通過政府提出的預算案或其他重要法案，經協調仍不能取一致意見，行政長官可解散立法會。草案又規定，政府必須遵守法律，向立法會負責：執行立法會制定並已生效的法律，定期向立法會作施政報告，答覆有關質詢，徵稅和公共開支需經立法會批准；行政長官在作出重要決策、向立法會提交法案、制定附屬法規和解散立法會前，必須徵詢行政會議的意見。同時又規定，如立法會以不少於全體議員三分之二多數再次通過被行政長官發回的法案，行政長官必須在一個月內簽署公佈，除非行政長官解散立法會；如被解散後重選的立法會仍以三分之二多數通過有爭議的原法案或繼續拒絕通過政府提出的財政預算案或其他重要法案，行政長官必須辭職；如行政長官有嚴重違法或瀆職行為而不辭職，立法會通過一定程序可提出彈劾案，報請中央人民政府決定。上述這些規定體現了行政和立法之間相互制衡、相互配合的關係。

（二）關於行政長官的產生辦法。草案規定，行政長官在當地通過選舉或協商產生，報中央人民政府任命。行政長官的產生辦法要根據香港的實際情況和循序漸進的原則而規定，最終達到由一個有廣泛代表性的提名委員會按民主程序提名後普選的目標。據此，附件一對行政長官的產生辦法作了具體規定，在 1997 年至 2007 年的十年內由有廣泛代表性的選舉委員會選舉產生，此後如要改變選舉辦法，由立法會全體議員三分之二多數通過，行政長官同意並報全國人大常委會批准。行政長官的具體產生辦法由附件規定比較靈活，方便在必要時作出修改。

（三）關於立法會的產生辦法和立法會對法案和議案的表決程序。草案規定，立法會由選舉產生，其產生辦法要根據香港的實際情況和循序漸進的原則而規定，最終達到全體議員由普選產生的目標。據此，附件二對立法會的產生辦法作了具體規定，第一、二屆立法會由功能團體選舉、選舉委員會選舉和分區直接選舉等三種方式產生的議員組成。在特別行政區成立的頭十年內，逐屆增加分區直選的議員席位，減少選舉委員會選舉的議員席位，到第三屆立法會，功能團體選舉和分區直選的議員各佔一半。這樣規定符合循序漸進地發展選舉制度的原則。附件二還規定，立法會對政府提出的法案和議員個人提出的法案、議案採取不同的表決程序。政府提出的法案獲出席會議的議員過半數票即為通過；議員個人提出的法案、議案和對政府法案的修正案須分別獲功能團體選舉的議員和分區直接選舉、選舉委員會選舉的議員兩部分出席會議的議員的各過半數票，方為通過。這樣規定，有利於兼顧各階層的利益，同時又不至於使政府的法案陷入無休止的爭論，有利於政府施政的高效率。在特別行政區成立十年以後，立法會的產生辦法和對法案、議案的表決程序如需改進，由立法會全體議員三分之二多數通過，行政長官同意並報全國人大常委會備案。立法會的具體產生辦法和對法案、議案的表決程序由附件規定，也是考慮到這樣比較靈活，方便必要時作出修改。

（四）關於香港特別行政區行政長官、行政會議成員、立法會主席、政府主要官員、終審法院和高等法院首席法官以及基本法委員會香港委員的資格。草案的有關條文規定，擔任上述職務的人必須是在外國無居留權的香港特別行政區永久性居民中的中國公民。這是體現國家主權的需要，也是體現由香港當地人管理香港的原則的需要，只有這樣才能使擔任上述職務的人切實對國家、對香港特別行政區以及香港居民負起責任。也正是基於這一考慮，有關條文還規定，特別行政區立法會必須由在外國無居留權的香港特別行政區永久性居民中的中國公民組成。但照顧到香港的具體情況，允許非中國籍的香港特別行政區永久性居民和在外國有居留權的香港特別行政區永久性居民可以當選為立法會議員，但其所佔比例不得超過立法會全體議員的20%。

（五）關於香港特別行政區第一屆政府和立法會的產生辦法。根據體現國家主權、有利平穩過渡的原則，香港特別行政區的成立須由全國人大設立的香港特別行政區籌備委員會負責主持。考慮到籌備工作須在香港特別行政區第一屆政府和立法會成立之前進行，而基本法要到 1997 年 7 月 1 日才開始實施，起草委員會建議，全國人大對第一屆政府和立法會的產生辦法作出專門決定，此項決定與基本法同時公佈。起草委員會為此起草了有關決定的代擬稿。規定香港特別行政區第一任行政長官，由香港人組成的推選委員會負責產生，報請中央人民政府任命；原香港最後一屆立法局的組成如符合全國人大關於特別行政區第一屆政府和立法會產生辦法的決定中的規定，其議員擁護基本法，願意效忠香港特別行政區並符合基本法規定條件者，經籌委會確認後可成為香港特別行政區第一屆立法會議員。這樣安排，是為了保證香港在整個過渡時期的穩定以及政權的平穩銜接。

此外，還規定行政長官、主要官員、行政會議和立法會成員、各級法院法官和其他司法人員在就職時必須宣誓擁護基本法，效忠中華人民共和國香港特別行政區。

五、關於經濟和教育、科學、文化、體育、宗教、勞工和社會
服務

第五章主要從財政、金融、貿易、工商業、土地契約、航運、民
用航空等八個方面，就香港特別行政區的經濟制度和政策作了規定，
這些規定對於保障香港的資本主義經濟機制的正常運行，保持香港的
國際金融中心地位和自由港地位很有必要。如在金融貨幣方面規定，
香港特別行政區不實行外匯管制政策，繼續開放外匯、黃金、證券、
期貨等市場；保障一切資金的流動和進出自由；保障金融企業和金融
市場的經營自由；確定港幣為特別行政區法定貨幣，可自由兌換，
其發行權在特別行政區政府等等。又如在對外貿易方面規定，一切外
來投資受法律保護；保障貨物、無形財產和資本的流動自由；除法律
另有規定外，不徵收關稅；香港特別行政區為單獨的關稅地區，可
以"中國香港"的名義參加關稅和貿易總協定、關於國際紡織品貿易
安排等有關國際組織和國際貿易協定，包括優惠貿易安排；香港特別
行政區所取得的各類出口配額、關稅優惠和達成的其他類似安排全由
香港特別行政區享用。同時還規定香港特別行政區的財政預算要力求
收支平衡，避免赤字；參照現行的低稅政策，自行立法規定稅制。此
外對主要行業、土地契約、航運、民用航空等方面作了比較詳盡的
規定。

第六章就保持或發展香港現行的教育、科學、文化、體育、宗
教、勞工和社會服務等方面的制度和政策作出了規定。這些規定涉
及香港居民在社會生活多方面的利益，對於社會的穩定和發展是重

要的。

　　第五、六兩章的政策性條款較多，考慮到我國政府在中英聯合聲明中已承諾把我國對香港的基本方針政策和中英聯合聲明附件一對上述基本方針政策的具體説明寫入基本法，加之香港各界人士要求在基本法裏反映和保護其各自利益的願望比較迫切，因此儘管在起草過程中曾對條文的繁簡有不同意見，但最終還是把政策性條款保留下來。

　　最後，我就香港特別行政區區旗、區徽圖案（草案）作一點説明。區旗是一面中間配有五顆星的動態紫荊花圖案的紅旗。紅旗代表祖國，紫荊花代表香港，寓意香港是中國不可分離的部分，在祖國的懷抱中興旺發達。花蕊上的五顆星象徵着香港同胞心中熱愛祖國，紅、白兩色體現了“一國兩制”的精神。區徽呈圓形，其外圈寫有“中華人民共和國香港特別行政區”和英文“香港”字樣，其中間的五顆星動態紫荊花圖案的構思及其象徵意義與區旗相同，也是以紅、白兩色體現“一國兩制”的精神。

　　各位代表，以上是我對《中華人民共和國香港特別行政區基本法（草案）》包括附件及有關文件和香港特別行政區區旗、區徽圖案（草案）的説明，請大會審議。

全國人民代表大會關於香港特別行政區第一屆政府和立法會產生辦法的決定

1990 年 4 月 4 日第七屆全國人民代表大會
第三次會議通過

一、香港特別行政區第一屆政府和立法會根據體現國家主權、平穩過渡的原則產生。

二、在 1996 年內，全國人民代表大會設立香港特別行政區籌備委員會，負責籌備成立香港特別行政區的有關事宜，根據本決定規定第一屆政府和立法會的具體產生辦法。籌備委員會由內地和不少於 50% 的香港委員組成，主任委員和委員由全國人民代表大會常務委員會委任。

三、香港特別行政區籌備委員會負責籌組香港特別行政區第一屆政府推選委員會（以下簡稱推選委員會）。

推選委員會全部由香港永久性居民組成，必須具有廣泛代表性，成員包括全國人民代表大會香港地區代表、香港地區全國政協委員的代表、香港特別行政區成立前曾在香港行政、立法、諮詢機構任職並有實際經驗的人士和各階層、界別中具有代表性的人士。

推選委員會由 400 人組成,比例如下:

工商、金融界	25%
專業界	25%
勞工、基層、宗教等界	25%
原政界人士、香港地區全國人大代表、	
香港地區全國政協委員的代表	25%

四、推選委員會在當地以協商方式、或協商後提名選舉,推舉第一任行政長官人選,報中央人民政府任命。第一任行政長官的任期與正常任期相同。

五、第一屆香港特別行政區政府由香港特別行政區行政長官按《香港特別行政區基本法》規定負責籌組。

六、香港特別行政區第一屆立法會由 60 人組成,其中分區直接選舉產生議員 20 人,選舉委員會選舉產生議員 10 人,功能團體選舉產生議員 30 人。原香港最後一屆立法局的組成如符合本決定和《香港特別行政區基本法》的有關規定,其議員擁護《中華人民共和國香港特別行政區基本法》、願意效忠中華人民共和國香港特別行政區並符合《香港特別行政區基本法》規定條件者,經香港特別行政區籌備委員會確認,即可成為香港特別行政區第一屆立法會議員。

香港特別行政區第一屆立法會議員的任期為兩年。

全國人民代表大會關於批准
香港特別行政區基本法起草委員會
關於設立全國人民代表大會常務委員會
香港特別行政區基本法委員會的
建議的決定

1990 年 4 月 4 日第七屆全國人民代表大會
第三次會議通過

　　第七屆全國人民代表大會第三次會議決定：

　　一、批准香港特別行政區基本法起草委員會關於設立全國人民代表大會常務委員會香港特別行政區基本法委員會的建議。

　　二、在《中華人民共和國香港特別行政區基本法》實施時，設立全國人民代表大會常務委員會香港特別行政區基本法委員會。

香港特別行政區基本法起草委員會關於設立全國人民代表大會常務委員會香港特別行政區基本法委員會的建議

一、名稱：全國人民代表大會常務委員會香港特別行政區基本法委員會。

二、隸屬關係：是全國人民代表大會常務委員會下設的工作委員會。

三、任務：就有關香港特別行政區基本法第十七條、第十八條、第一百五十八條、第一百五十九條實施中的問題進行研究，並向全國人民代表大會常務委員會提供意見。

四、組成：成員十二人，由全國人民代表大會常務委員會任命內地和香港人士各六人組成，其中包括法律界人士，任期五年。香港委員須由在外國無居留權的香港特別行政區永久性居民中的中國公民擔任，由香港特別行政區行政長官、立法會主席和終審法院首席法官聯合提名，報全國人民代表大會常務委員會任命。

全國人民代表大會常務委員會關於《中華人民共和國香港特別行政區基本法》英文本的決定

1990 年 6 月 28 日第七屆全國人民代表大會
常務委員會第十四次會議通過

　　第七屆全國人民代表大會常務委員會第十四次會議決定：全國人民代表大會法律委員會主持審定的《中華人民共和國香港特別行政區基本法》英譯本為正式英文本，和中文本同樣使用；英文本中的用語的含義如果有與中文本有出入的，以中文本為準。

全國人民代表大會常務委員會關於根據《中華人民共和國香港特別行政區基本法》第一百六十條處理香港原有法律的決定

1997 年 2 月 23 日第八屆全國人民代表大會
常務委員會第二十四次會議通過

《中華人民共和國香港特別行政區基本法》（以下簡稱《基本法》）第一百六十條規定："香港特別行政區成立時，香港原有法律除由全國人民代表大會常務委員會宣佈為同本法抵觸者外，採用為香港特別行政區法律，如以後發現有的法律與本法抵觸，可依照本法規定的程序修改或停止生效。"第八條規定："香港原有法律，即普通法、衡平法、條例、附屬立法和習慣法，除同本法相抵觸或經香港特別行政區的立法機關作出修改者外，予以保留。"第八屆全國人民代表大會常務委員會第二十四次會議根據上述規定，審議了香港特別行政區籌備委員會關於處理香港原有法律問題的建議，決定如下：

一、香港原有法律，包括普通法、衡平法、條例、附屬立法和習慣法，除同《基本法》抵觸者外，採用為香港特別行政區法律。

二、列於本決定附件一的香港原有的條例及附屬立法抵觸《基本法》，不採用為香港特別行政區法律。

三、列於本決定附件二的香港原有的條例及附屬立法的部分條款抵觸《基本法》，抵觸的部分條款不採用為香港特別行政區法律。

四、採用為香港特別行政區法律的香港原有法律，自 1997 年 7 月 1 日起，在適用時，應作出必要的變更、適應、限制或例外，以符合中華人民共和國對香港恢復行使主權後香港的地位和《基本法》的有關規定，如《新界土地（豁免）條例》在適用時應符合上述原則。

除符合上述原則外，原有的條例或附屬立法中：

（一）規定與香港特別行政區有關的外交事務的法律，如與在香港特別行政區實施的全國性法律不一致，應以全國性法律為準，並符合中央人民政府享有的國際權利和承擔的國際義務。

（二）任何給予英國或英聯邦其他國家或地區特權待遇的規定，不予保留，但有關香港與英國或英聯邦其他國家或地區之間互惠性規定，不在此限。

（三）有關英國駐香港軍隊的權利、豁免及義務的規定，凡不抵觸《基本法》和《中華人民共和國香港特別行政區駐軍法》的規定者，予以保留，適用於中華人民共和國中央人民政府派駐香港特別行政區的軍隊。

（四）有關英文的法律效力高於中文的規定，應解釋為中文和英文都是正式語文。

（五）在條款中引用的英國法律的規定，如不損害中華人民共和國的主權和不抵觸《基本法》的規定，在香港特別行政區對其作出修改前，作為過渡安排，可繼續參照適用。

五、在符合第四條規定的條件下，採用為香港特別行政區法律的香港原有法律，除非文意另有所指，對其中的名稱或詞句的解釋或適用，須遵循本決定附件三所規定的替換原則。

六、採用為香港特別行政區法律的香港原有法律，如以後發現與《基本法》相抵觸者，可依照《基本法》規定的程序修改或停止生效。

附件一：

香港原有法律中下列條例及附屬立法抵觸《基本法》，不採用為香港特別行政區法律：

1、《受托人（香港政府證券）條例》（香港法例第 77 章）；

2、《英國法律應用條例》（香港法例第 88 章）；

3、《英國以外婚姻條例》（香港法例第 180 章）；

4、《華人引渡條例》（香港法例第 235 章）；

5、《香港徽幟（保護）條例》（香港法例第 315 章）；

6、《國防部大臣（產業承繼）條例》（香港法例第 193 章）；

7、《皇家香港軍團條例》（香港法例第 199 章）；

8、《強制服役條例》（香港法例第 246 章）；

9、《陸軍及皇家空軍法律服務處條例》（香港法例第 286 章）；

10、《英國國籍（雜項規定）條例》（香港法例第 186 章）；

11、《1981 年英國國籍法（相應修訂）條例》（香港法例第 373 章）；

12、《選舉規定條例》（香港法例第 367 章）；

13、《立法局（選舉規定）條例》（香港法例第 381 章）；

14、《選區分界及選舉事務委員會條例》（香港法例第 432 章）。

附件二：

　　香港原有法律中下列條例及附屬立法的部分條款抵觸《基本法》，不採用為香港特別行政區法律：

　　1、《人民入境條例》（香港法例第 115 章）第 2 條中有關 "香港永久性居民" 的定義和附表一 "香港永久性居民" 的規定；

　　2、任何為執行在香港適用的英國國籍法所作出的規定；

　　3、《市政局條例》（香港法例第 101 章）中有關選舉的規定；

　　4、《區域市政局條例》（香港法例第 385 章）中有關選舉的規定；

　　5、《區議會條例》（香港法例第 366 章）中有關選舉的規定；

　　6、《舞弊及非法行為條例》（香港法例第 288 章）中的附屬立法 A《市政局、區域市政局以及議會選舉費用令》、附屬立法 C《立法局決議》；

　　7、《香港人權法案條例》（香港法例第 383 章）第 2 條第（3）款有關該條例的解釋及應用目的的規定，第 3 條有關 "對先前法例的影響" 和第 4 條有關 "日後的法例的釋義" 的規定；

　　8、《個人資料（私隱）條例》（香港法例第 486 章）第 3 條第（2）款有關該條例具有凌駕地位的規定；

　　9、1992 年 7 月 17 日以來對《社團條例》（香港法例第 151 章）的重大修改；

　　10、1995 年 7 月 27 日以來對《公安條例》（香港法例第 245 章）的重大修改。

附件三：

採用為香港特別行政區法律的香港原有法律中的名稱或詞句在解釋或適用時一般須遵循以下替換原則：

1、任何提及"女王陛下"、"王室"、"英國政府"及"國務大臣"等相類似名稱或詞句的條款，如該條款內容是關於香港土地所有權或涉及《基本法》所規定的中央管理的事務和中央與香港特別行政區的關係，則該等名稱或詞句應相應地解釋為中央或中國的其他主管機關，其他情況下應解釋為香港特別行政區政府。

2、任何提及"女王會同樞密院"或"樞密院"的條款，如該條款內容是關於上訴權事項，則該等名稱或詞名應解釋為香港特別行政區終審法院，其他情況下，依第1項規定處理。

3、任何冠以"皇家"的政府機構或半官方機構的名稱應刪去"皇家"字樣，並解釋為香港特別行政區相應的機構。

4、任何"本殖民地"的名稱應解釋為香港特別行政區；任何有關香港領域的表述應依照國務院頒佈的香港特別行政區行政區域圖作出相應解釋後適用。

5、任何"最高法院"及"高等法院"等名稱或詞句應相應地解釋為高等法院及高等法院原訟法庭。

6、任何"總督"、"總督會同行政局"、"布政司"、"律政司"、"首席按察司"、"政務司"、"憲制事務司"、"海關總監"及"按察司"等名稱或詞句應相應地解釋為香港特別行政區行政長官、行政長官會同行政會議、政務司長、律政司長、終審法院首席法官或高等法院首席法官、民政事務局局長、政制事務局局長、海關關長及高等法院法官。

7、在香港原有法律中文文本中，任何有關立法局、司法機關或行政機關及其人員的名稱或詞句應相應地依照《基本法》的有關規定進行解釋和適用。

8、任何提及"中華人民共和國"和"中國"等相類似名稱或詞句的條款，應解釋為包括台灣、香港和澳門在內的中華人民共和國；任何單獨或同時提及大陸、台灣、香港和澳門的名稱或詞句的條款，應相應地將其解釋為中華人民共和國的一個組成部分。

9、任何提及"外國"等相類似名稱或詞句的條款，應解釋為中華人民共和國以外的任何國家或地區，或者根據該項法律或條款的內容解釋為"香港特別行政區以外的任何地方"；任何提及"外籍人士"等相類似名稱或詞句的條款，應解釋為中華人民共和國公民以外的任何人士。

10、任何提及"本條例的條文不影響亦不得視為影響女王陛下、其儲君或其繼位人的權利"的規定，應解釋為"本條例的條文不影響亦不得視為影響中央或香港特別行政區政府根據《基本法》和其他法律的規定所享有的權利"。

全國人民代表大會常務委員會關於《中華人民共和國國籍法》在香港特別行政區實施的幾個問題的解釋

1996 年 5 月 15 日第八屆全國人民代表大會
常務委員會第十九次會議通過

　　根據《中華人民共和國香港特別行政區基本法》第十八條和附件三的規定，《中華人民共和國國籍法》自 1997 年 7 月 1 日起在香港特別行政區實施。考慮到香港的歷史背景和現實情況，對《中華人民共和國國籍法》在香港特別行政區實施作如下解釋：

　　一、凡具有中國血統的香港居民，本人出生在中國領土（含香港）者，以及其他符合《中華人民共和國國籍法》規定的具有中國國籍的條件者，都是中國公民。

　　二、所有香港中國同胞，不論其是否持有“英國屬土公民護照”或者“英國國民（海外）護照”，都是中國公民。自 1997 年 7 月 1 日起，上述中國公民可繼續使用英國政府簽發的有效旅行證件去其他國家或地區旅行，但在香港特別行政區和中華人民共和國其他地區不得因持有上述英國旅行證件而享有英國的領事保護的權利。

　　三、任何在香港的中國公民，因英國政府的“居英權計劃”而獲得的英國公民身份，根據《中華人民共和國國籍法》不予承認。這類人仍為中國公民，在香港特別行政區和中華人民共和國其他地區不得享有英國的領事保護的權利。

四、在外國有居留權的香港特別行政區的中國公民，可使用外國政府簽發的有關證件去其他國家或地區旅行，但在香港特別行政區和中華人民共和國其他地區不得因持有上述證件而享有外國領事保護的權利。

五、香港特別行政區的中國公民的國籍發生變更，可憑有效證件向香港特別行政區受理國籍申請的機關申報。

六、授權香港特別行政區政府指定其入境事務處為香港特別行政區受理國籍申請的機關，香港特別行政區入境事務處根據《中華人民共和國國籍法》和以上規定對所有國籍申請事宜作出處理。

對《全國人民代表大會常務委員會關於〈中華人民共和國國籍法〉在香港特別行政區實施的幾個問題的解釋（草案）》的説明

1996 年 5 月 7 日在第八屆全國人民代表大會
常務委員會第十九次會議上
全國人大常委會法制工作委員會副主任　　喬曉陽

委員長、各位副委員長、秘書長、各位委員：

　　我受委員長會議的委託，作《全國人民代表大會常務委員會關於〈中華人民共和國國籍法〉在香港特別行政區實施的幾個問題的解釋（草案）》的説明。

　　根據《中華人民共和國香港特別行政區基本法》第十八條和附件三的規定，《中華人民共和國國籍法》自一九九七年七月一日起由香港特別行政區在當地公佈實施。基本法中有若干規定的實施，將首先涉及到依據中國國籍法確定香港同胞的中國公民身份的問題，如特區護照的簽發範圍和基本法第二十四條有關香港特別行政區永久性居民身份的規定等。由於歷史的原因，香港居民的國籍狀況極為複雜。目前，香港居民中的中國血統人士除持有英國政府簽發的"英國屬土公民護照"或"英國國民（海外）護照"外，許多人還持有其他國家的護照。一九九〇年英國政府違反其承諾推出的所謂"居英權計劃"，單方面決定賦予二十二萬五千名香港中國同胞以英國公民身份，使香港居民的國籍問題更為複雜。如何根據中國國籍法確定香港居民的中國公民身份，成為香港社會各界以及國際社會十分關注的一個問題。因此，盡早明確我國國籍法在香港特別行政區實施中的一些具體問題，有着迫切的現實需要。

為保持香港的穩定、繁榮，保證國籍法的順利實施，考慮到香港的歷史和現實情況，應根據國籍法和基本法的規定，以及國家處理香港居民國籍問題的一貫政策，由全國人大常委會對國籍法在香港特別行政區的實施問題作出相應的法律解釋。為此，香港特別行政區籌備委員會提出了《關於對〈中華人民共和國國籍法〉在香港特別行政區實施作出解釋的建議》。委員長會議審議了香港特別行政區籌備委員會的建議，決定向本次會議提出《關於〈中華人民共和國國籍法〉在香港特別行政區實施的幾個問題的解釋（草案）》。現將草案的內容說明如下：

一、關於香港居民的中國公民身份問題

根據我國國籍法，所有香港中國同胞都是中國公民。香港居民絕大多數具有中國血統，並出生在中國領土上，他們應當具有中國國籍。因此，在中國國籍的取得方面，草案第一條在中國國籍法有關規定的基礎上作了更為明確的解釋，即"凡具有中國血統的香港居民，本人出生在中國領土（含香港）者，以及符合《中華人民共和國國籍法》規定的具有中國國籍的條件者，都是中國公民"。這種解釋符合國籍法所貫徹的以血統主義為主，結合出生地主義的基本原則，能夠以比較客觀的標準，簡便地確定香港居民的中國公民身份。

二、關於"英國屬土公民"身份和因英國"居英權計劃"而獲得的英國公民身份問題

香港居民中的"英國屬土公民"的國籍身份問題在中英聯合聲明簽署時兩國政府交換的備忘錄中已經解決；對於英國的"居英權計劃"，我國早已明確不承認在香港的中國公民因"居英權計劃"而獲得的英國公民身份。草案第二條和第三條就是將這兩個問題以法律的形式確定下來。

三、關於香港居民中的中國公民所持有的外國旅行證件問題

目前，一些香港中國同胞出於方便旅行等考慮，持有其他國家的護照，草案第四條就是針對這種情況提出的。據此規定，在確定香港同胞的中國公民身份問題時將不考慮其是否持有外國護照；實際操作中將其持有的外國護照視為旅行證件，允許其去其他國家或地區旅行時繼續使用，但上述證件在香港特別行政區和我國其他地區不具有表明國籍身份的法律效力。這是我國國籍法不承認雙重國籍的基本原則在香港特別行政區實施時的具體體現，是為方便香港居民出入境所作的一項靈活務實的規定。這對繼續保持香港自由港和國際金融、經貿等中心的地位，保持香港社會的穩定繁榮將會起到積極的作用。

四、關於香港居民中的中國公民的國籍變更問題

為照顧和方便香港中國公民變更國籍的實際需要和願望，草案第五條對國籍法中有關國籍變更的規定作了變通解釋，規定具有中國血

統的香港居民如自願加入外國國籍，以外國公民的身份在香港定居，可隨時憑有效證件向香港特別行政區受理國籍申請的機關申報，要求變更國籍。這一規定簡化了變更國籍的法律手續。

有關香港居民中的非中國籍人士申請加入中國國籍的問題：國籍法已有明確規定。對這類申請，香港特別行政區受理國籍申請的機關可根據國籍法以及本解釋的有關規定予以處理。

五、關於受理國籍申請的機關

考慮到香港居民國籍管理上的特殊性和複雜性，草案第六條規定香港特別行政區入境事務處為香港的受理國籍申請機關：並授權其依法處理香港居民的國籍申請事宜。這一規定明確了國籍法在香港特別行政區實施的具體執行機關，為香港特別行政區入境事務處處理有關國籍事宜提供了法律依據，充分體現了"港人治港"，高度自治的原則。

關於國籍法在香港特別行政區實施的幾個問題的解釋（草案）和以上說明是否妥當，請審議。

全國人民代表大會常務委員會關於香港特別行政區 2007 年行政長官和 2008 年立法會產生辦法有關問題的決定

2004 年 4 月 26 日第十屆全國人民代表大會

常務委員會第九次會議通過

　　第十屆全國人民代表大會常務委員會第九次會議審議了香港特別行政區行政長官董建華 2004 年 4 月 15 日提交的《關於香港特別行政區 2007 年行政長官和 2008 年立法會產生辦法是否需要修改的報告》，並在會前徵詢了香港特別行政區全國人大代表、全國政協委員和香港各界人士、全國人大常委會香港特別行政區基本法委員會香港委員、香港特別行政區政府政制發展專責小組的意見，同時徵求了國務院港澳事務辦公室的意見。全國人大常委會在審議中充分注意到近期香港社會對 2007 年以後行政長官和立法會的產生辦法的關注，其中包括一些團體和人士希望 2007 年行政長官和 2008 年立法會全部議員由普選產生的意見。

　　會議認為，《中華人民共和國香港特別行政區基本法》（以下簡稱香港基本法）第四十五條和第六十八條已明確規定，香港特別行政區行政長官和立法會的產生辦法應根據香港特別行政區的實際情況和循序漸進的原則而規定，最終達至行政長官由一個有廣泛代表性的提名委員會按民主程序提名後普選產生、立法會全部議員由普選產生的目標。香港特別行政區行政長官和立法會的產生辦法應符合香港基本法的上述原則和規定。有關香港特別行政區行政長官和立法會產生辦法的任何改變，都應遵循與香港社會、經濟、政治的發展相協調，有利於社會各階層、各界別、各方面的均衡參與，有利於行政主導體制的有效運行，有利於保持香港的長期繁榮穩定等原則。

會議認為，香港特別行政區成立以來，香港居民所享有的民主權利是前所未有的。第一任行政長官由 400 人組成的推選委員會選舉產生，第二任行政長官由 800 人組成的選舉委員會選舉產生；立法會 60 名議員中分區直選產生的議員已由第一屆立法會的 20 名增加到第二屆立法會的 24 名，今年 9 月產生的第三屆立法會將達至 30 名。香港實行民主選舉的歷史不長，香港居民行使參與推選特別行政區行政長官的民主權利，至今不到 7 年。香港回歸祖國以來，立法會中分區直選議員的數量已有相當幅度的增加，在達至分區直選議員和功能團體選舉的議員各佔一半的格局後，對香港社會整體運作的影響，尤其是對行政主導體制的影響尚有待實踐檢驗。加之目前香港社會各界對於 2007 年以後行政長官和立法會的產生辦法如何確定仍存在較大分歧，尚未形成廣泛共識。在此情況下，實現香港基本法第四十五條規定的行政長官由一個有廣泛代表性的提名委員會按民主程序提名後普選產生和香港基本法第六十八條規定的立法會全部議員由普選產生的條件還不具備。

鑒此，全國人大常委會依據香港基本法的有關規定和《全國人民代表大會常務委員會關於〈中華人民共和國香港特別行政區基本法〉附件一第七條和附件二第三條的解釋》，對香港特別行政區 2007 年行政長官和 2008 年立法會的產生辦法決定如下：

一、2007 年香港特別行政區第三任行政長官的選舉，不實行由普選產生的辦法。2008 年香港特別行政區第四屆立法會的選舉，不實行全部議員由普選產生的辦法，功能團體和分區直選產生的議員各佔半數的比例維持不變，立法會對法案、議案的表決程序維持不變。

二、在不違反本決定第一條的前提下，2007 年香港特別行政區第三任行政長官的具體產生辦法和 2008 年香港特別行政區第四屆立法會的具體產生辦法，可按照香港基本法第四十五條、第六十八條的規定和附件一第七條、附件二第三條的規定作出符合循序漸進原則的適當修改。

會議認為，按照香港基本法的規定，在香港特別行政區根據實際情況，循序漸進地發展民主，是中央堅定不移的一貫立場。隨着香港社會各方面的發展和進步，經過香港特別行政區政府和香港居民的共同努力，香港特別行政區的民主制度一定能夠不斷地向前發展，最終達至香港基本法規定的行政長官由一個有廣泛代表性的提名委員會按民主程序提名後普選產生和立法會全部議員由普選產生的目標。

全國人民代表大會常務委員會
吳邦國委員長

關於香港特別行政區二零零七年行政長官和二零零八年立法會產生辦法是否需要修改的報告

　　根據二零零四年四月六日公佈的《全國人民代表大會常務委員會關於〈中華人民共和國香港特別行政區基本法〉附件一第七條和附件二第三條的解釋》，香港特別行政區行政長官的產生辦法和立法會的產生辦法是否需要進行修改，香港特別行政區行政長官應向全國人民代表大會常務委員會提出報告，由全國人民代表大會常務委員會依照《中華人民共和國香港特別行政區基本法》第四十五條和第六十八條規定，根據香港特別行政區的實際情況和循序漸進的原則確定。

　　二零零三年十二月，我在北京述職時，胡錦濤主席向我表明了中央對香港政制發展的高度關注和原則立場。

　　特區政府於今年一月七日成立了一個政制發展專責小組，由特區政務司司長領導，成員包括特區律政司司長及特區政制事務局局長。專責小組就《基本法》中有關政制發展的原則和法律程序問題作深入研究，就此徵詢中央有關部門，並聽取特區社會對有關問題的意見。

專責小組就此事於今年二月前往北京與國務院港澳事務辦公室及全國人大常委會法制工作委員會代表會面，就政制發展事宜進行商討。此外，專責小組亦從今年一月開始，分批約見了特區各界人士，並從不同渠道收集特區社會各界對有關原則及法律程序問題的意見。

專責小組於今年三月三十日在深圳與全國人大常委會和國務院港澳事務辦公室的代表們會面，向他們介紹了"專責小組第一號報告"的內容和專責小組在過去兩個多月來就法律程序問題收集到的社會意見，和特區政府對這些法律程序問題的看法。

其後專責小組就《基本法》中有關政制發展的原則問題，擬備了"專責小組第二號報告"，現夾附為這報告的附件。報告第三章詳述了政制發展的憲制基礎和特區現時的實際情況，第四章詳述了專責小組在過去兩個多月來就有關原則問題收集到的社會意見，第五章詳述了特區政府對這些原則問題的看法。

特區政府現已完成就《基本法》中有關政制發展的原則及法律程序問題的研究。經徵詢行政會議的意見後，我確認政制發展專責小組兩份報告的內容和同意專責小組的看法和結論。我認為二零零七年行政長官和二零零八年立法會的產生辦法應予以修改，使香港的政制得以向前發展。

在考慮二零零七年和二零零八年的香港特區行政長官及立法會的產生辦法如何確定時，須顧及下列因素：

(i) 特區在研究政制發展的方向及步伐時，必須聽取中央的意見。

(ii) 政制發展的方案必須符合《基本法》規定。不能輕言修改《基本法》規定的政治體制的設計和原則。

(iii) 方案不能影響中央對行政長官的實質任命權。

(iv) 方案必須鞏固以行政長官為首的行政主導體制，不能偏離這項設計原則。

(v) 達至普選的最終目標必須循序漸進，按部就班，步伐不能過急，要根據特區實際情況漸進，以保持繁榮穩定。

(vi) 衡量實際情況時，必須考慮市民訴求，亦要檢視其他因素，包括特區的法律地位、政治制度發展現今所處階段、經濟發展、社會情況、市民對"一國兩制"及《基本法》的認識程度、公民參政意識、政治人才及參政團體成熟程度，以至行政立法關係等。

(vii) 方案必須有利於社會各階層在政治體制內都有代表聲音，並能通過不同途徑參政。

(viii) 方案必須確保能繼續兼顧社會各階層利益。

(ix) 方案不能對現行載於《基本法》的經濟、金融、財政及其他制度產生不良影響。

現根據二零零四年四月六日第十屆全國人民代表大會常務委員會第八次會議通過的關於〈中華人民共和國香港特別行政區基本法〉附件一第七條和附件二第三條的解釋，報請全國人大常委會依照〈中華人民共和國香港特別行政區基本法〉第四十五條和第六十八條的規定，根據香港特別行政區的實際情況和循序漸進的原則，確定是否可以修改二零零七年及二零零八年的香港特別行政區的行政長官和立法會產生辦法。

香港特別行政區行政長官
二零零四年四月十五日

全國人民代表大會常務委員會關於香港特別行政區 2012 年行政長官和立法會產生辦法及有關普選問題的決定

2007 年 12 月 29 日第十屆全國人民代表大會
常務委員會第三十一次會議通過

　　第十屆全國人民代表大會常務委員會第三十一次會議審議了香港特別行政區行政長官曾蔭權 2007 年 12 月 12 日提交的《關於香港特別行政區政制發展諮詢情況及 2012 年行政長官和立法會產生辦法是否需要修改的報告》。會議認為，2012 年香港特別行政區第四任行政長官的具體產生辦法和第五屆立法會的具體產生辦法可以作出適當修改；2017 年香港特別行政區第五任行政長官的選舉可以實行由普選產生的辦法；在行政長官由普選產生以後，香港特別行政區立法會的選舉可以實行全部議員由普選產生的辦法。全國人民代表大會常務委員會根據《中華人民共和國香港特別行政區基本法》的有關規定和《全國人民代表大會常務委員會關於〈中華人民共和國香港特別行政區基本法〉附件一第七條和附件二第三條的解釋》決定如下：

　　一、2012 年香港特別行政區第四任行政長官的選舉，不實行由普選產生的辦法。2012 年香港特別行政區第五屆立法會的選舉，不實行全部議員由普選產生的辦法，功能團體和分區直選產生的議員各佔半數的比例維持不變，立法會對法案、議案的表決程序維持不變。在此前提下，2012 年香港特別行政區第四任行政長官的具體產生辦法和 2012 年香港特別行政區第五屆立法會的具體產生辦法，可按照《中華人民共和國香港特別行政區基本法》第四十五條、第六十八條的規定和附件一第七條、附件二第三條的規定作出符合循序漸進原則的適當修改。

　　二、在香港特別行政區行政長官實行普選前的適當時候，行政長官須按照香港基本法的有關規定和《全國人民代表大會常務委員會關於〈中華人民共和國香港特別行政區基本法〉附件一第七條和附件二第三條的解釋》，就行政長官產生辦法的修改問題向全國人民代表大會常務委員會提出報告，由全國人民代表大會常務委員會確定。修改行政長官產生辦法的法案及其修正案，應由香港特別行政區政府向立法會提出，經立法會全體議員三分之二多數通過，行政長官同意，報全國人民代表大會常務委員會批准。

　　三、在香港特別行政區立法會全部議員實行普選前的適當時候，行政長官須按照香港基本法的有關規定和《全國人民代表大會常務委員會關於〈中華人民共和國香港特別行政區基本法〉附件一第七條和附件二第三條的解釋》，就立法會產生辦法的修改問題以及立法會表決程序是否相應作出修改的問題向全國人民代表大會常務委員會提出報告，由全國人民代表大會常務委員會確定。修改立法會產生辦法和立法會法案、議案表決程序的法案及其修正案，應由香港特別行政區政府向立法會提出，經立法會全體議員三分之二多數通過，行政長官同意，報全國人民代表大會常務委員會備案。

四、香港特別行政區行政長官的產生辦法、立法會的產生辦法和法案、議案表決程序如果未能依照法定程序作出修改，行政長官的產生辦法繼續適用上一任行政長官的產生辦法，立法會的產生辦法和法案、議案表決程序繼續適用上一屆立法會的產生辦法和法案、議案表決程序。

會議認為，根據香港基本法第四十五條的規定，在香港特別行政區行政長官實行普選產生的辦法時，須組成一個有廣泛代表性的提名委員會。提名委員會可參照香港基本法附件一有關選舉委員會的現行規定組成。提名委員會須按照民主程序提名產生若干名行政長官候選人，由香港特別行政區全體合資格選民普選產生行政長官人選，報中央人民政府任命。

會議認為，經過香港特別行政區政府和香港市民的共同努力，香港特別行政區的民主制度一定能夠不斷向前發展，並按照香港基本法和本決定的規定，實現行政長官和立法會全部議員由普選產生的目標。

全國人民代表大會常務委員會

吳邦國委員長

關於香港特別行政區政制發展諮詢情況及 2012 年行政長官和立法會產生辦法是否需要修改的報告

　　根據 2004 年 4 月 6 日公佈的《全國人民代表大會常務委員會關於〈中華人民共和國香港特別行政區基本法〉附件一第七條和附件二第三條的解釋》（"《解釋》"），香港特別行政區行政長官的產生辦法和立法會的產生辦法是否需要進行修改，香港特別行政區行政長官應向全國人民代表大會常務委員會（"人大常委會"）提出報告，由人大常委會依照《中華人民共和國香港特別行政區基本法》（"《基本法》"）第四十五條和第六十八條規定，根據香港特別行政區的實際情況和循序漸進的原則確定。

　　2.《基本法》第四十五條及第六十八條，並通過《基本法》附件一和附件二，規定了行政長官和立法會的產生辦法，並且進一步規定根據香港特區的實際情況和循序漸進的原則，最終達至行政長官由一個有廣泛代表性的提名委員會按民主程序提名後普選產生和立法會全部議員普選產生的目標。

　　3. 自特區成立以來，香港的政治體制一直按照《基本法》的規定，循序漸進地朝着普選的最終目標發展。2005 年，特區政府根據人大常委會 2004 年 4 月 26 日的《決定》，在廣泛聽取社會各界意見的基礎上，就修改 2007/08 年兩個產生辦法，提出了一套擴大民主的建議方案，力求可循序漸進地進一步邁向普選。雖然方案有六成市民及過半數立法會議員支持，但因為未能按照《基本法》取得立法會全體議員三分之二多數通過而未能成事。這經驗說明任何政制發展方案，都必須同時能顧及立法會的意向和市民大眾的意願，才能有機會落實。

4. 在 2005 年底至 2007 年中期間，特區政府通過行政長官成立的策略發展委員會，推動社會各界對行政長官和立法會普選的原則、模式、路線圖以及時間表進行了廣泛的討論。鑒於香港社會普遍存在能早日明確行政長官及立法會普選的路線圖和時間表的訴求，第三屆特區政府在 7 月 11 日發表了《政制發展綠皮書》（"《綠皮書》"），就此進行廣泛的公眾諮詢。

5. 我們在《綠皮書》內詳述了香港特區政制發展的憲制基礎及政治體制的設計原則，並且向香港社會指出，在達至最終普選目標的過程中，以及在制定落實普選的模式時，必須根據《基本法》有關規定及原則，考慮有關方案能否符合：

（1）　國家對香港的基本方針政策；

（2）　政制發展的四項原則，包括兼顧社會各階層利益、有利於資本主義經濟的發展、符合循序漸進的原則及適合香港實際情況；及

（3）　普及和平等選舉的原則。

6. 我們亦在《綠皮書》重申，根據《基本法》附件一及附件二，兩個選舉辦法的任何修改，必須取得立法會三分之二多數支持、行政長官同意，及獲人大常委會批准或備案。

7. 在參選期間，我清楚表明了最終的普選方案除了須符合憲制的規定外，亦須獲得香港多數市民支持。

《綠皮書》諮詢工作

8. 在發表《綠皮書》後，特區政府隨即開展有關行政長官及立法會普選模式、路線圖及時間表的公眾諮詢。《綠皮書》的公眾諮詢為期三個月，至 10 月 10 日截止。

9. 在公眾諮詢期內，我們透過不同渠道進行廣泛有序的公眾諮詢，收集立法會、區議會、社會不同界別的團體和人士，以及市民就《綠皮書》的反應。

10. 我們鼓勵社會各界團體和個別人士就《綠皮書》所列的關鍵議題和其他相關課題，以郵遞、傳真或電郵方式，向特區政府提出意見。在諮詢期間，我們共收到約 18200 份書面意見，以及超過 15 萬個簽名表達意見。

11. 為了推動社會各界對普選的議題作進一步討論，特區政府舉辦了多場公開論壇及地區研討會，直接聽取公眾及地區人士的意見。我們出席了立法會政制事務委員會的特別會議，和所有 18 個區議會的會議，直接聽取立法會議員和區議員對有關普選的意見。我們亦出席了立法會的公聽會，聽取超過 150 個團體和個別人士對普選議題的意見。我們還與立法會功能界別及選舉委員會界別分組會面，及出席了由不同團體舉辦的論壇和會議，聽取他們對普選議題的意見。

12. 此外，我們還特別關注不同學術、民間及傳媒機構所作關於普選議題的各類民意調查，並視之為反映民意的重要方式之一。

意見歸納

13. 經徵詢行政會議的意見後，我決定發表《政制發展綠皮書公眾諮詢報告》，並在該報告內詳細交代了有關行政長官普選模式、立法會普選模式，及普選路線圖及時間表所收集到的意見。就這些意見，我有以下的歸納：

(1) 市民對按照《基本法》達至普選的目標，是殷切期待的。市民、政黨、立法會議員、區議會、不同界別均認同應早日訂出落實普選的方案，特別是普選時間表，這有助於減少社會內耗，亦有利於香港的長期穩定和長遠發展。

行政長官普選模式

(2) 就行政長官普選模式而言，較多意見認為，提名行政長官候選人的提名委員會可參考現行的行政長官選舉委員會組成。

(3) 立法會內不同黨派及獨立議員支持行政長官提名委員會由

800 人或多於 800 人組成（例如，增加至 1200 人及 1600 人）；而民意調查顯示，較多受訪市民認為提名委員會的委員人數應多於 800 人。

(4)　較多意見認為，行政長官候選人的人數以兩至四名為宜。

(5)　社會整體認同，在行政長官候選人經民主程序提名產生後，應由登記選民一人一票普選產生行政長官。至於是進行一輪或多輪投票，及在只有一名候選人的情況下，是否仍須進行投票，則均須進一步討論。

立法會普選模式

(6)　至於普選立法會的模式、路線圖及時間表，立法會、社會各界和市民對此意見紛紜，未能形成主流意見。

普選路線圖及時間表

(7)　社會整體上希望能早日就落實普選取得進展。在普選立法會未能達成共識的情況下，有不同的民意調查顯示，過半數的受訪市民希望"特首先行、立法會普選隨後"。

(8)　目前在立法會內支持 2012 年普選行政長官及普選立法會的議員不足一半。有半數立法會議員支持在不遲於 2017 年或在 2017 年及 2017 年之後，先落實行政長官普選，立法會普選隨後。

(9)　亦有超過三分之二區議會通過動議，支持在不遲於 2017 年或在 2017 年先普選行政長官，立法會普選隨後。

（10）民意調查顯示，有過半數的受訪市民支持 2012 年實行行政長官及立法會普選；在約 18200 份書面意見中，約 12600 份內容相同的意見書支持 2012 年達至普選。

（11）與此同時，約六成受訪市民接受若在 2012 年不能實行行政長官普選，可於 2017 年實行普選。

（12）而有關立法會普選時間表，有不同的民意調查顯示，有過半數受訪市民接受若在 2012 年不能實行立法會普選，可於 2016 年或之後實行普選。

（13）有超過 15 萬個市民簽名支持在不遲於 2017 年及在 2017 年或以後普選行政長官，其中有超過 13 萬個市民簽名支持先落實行政長官普選，立法會普選隨後。

結論及建議

14. 特區政府 2004 年專門成立政制發展專責小組，帶領社會就香港政制的發展作出積極討論，並於 2005 年提出了一套擴大 2007/08 年兩個選舉民主成分的建議方案。特區政府於 2005 年 11 月透過策略發展委員會繼續推動社會開展普選討論之後，特區政府首次以《綠皮書》的方式，再一次就香港政制發展進行公眾諮詢，香港社會就普選議題開展了廣泛深入的討論。特區政府採取多種方法多方推動，其目的是希望凝聚社會共識，盡早實現《基本法》確立的普選目標。

15. 這次公眾諮詢結果顯示，香港市民在普選議題上表現出務實態度。香港社會普遍期望特區的選舉制度能進一步民主化，並按照《基本法》的規定盡快達至普選的最終目標。綜觀立法會、區議會、不同界別的團體和人士，以及市民的意見，在作出全面考慮後，我認為香港社會普遍希望能早日訂出普選時間表，為香港的政制發展定出方向。在 2012 年先行落實普選行政長官，是民意調查中反映出過半數市民的期望，應受到重視和予以考慮。與此同時，在不遲於 2017 年先行落實普選行政長官，將有較大機會在香港社會獲得大多數人接納。

16. 雖然，香港社會就行政長官普選模式仍有不同方案，但對於循 "特首先行、立法會普選隨後" 的方向推動普選，已開始凝聚共識。至於立法會普選模式及如何處理功能界別議席，仍是意見紛紜。不過，訂定行政長官和立法會普選的時間表，有助推動這些問題的最終解決。

17. 基於上述結論，我認為，為實現《基本法》的普選目標，2012 年行政長官和立法會的產生辦法有需要進行修改。

18. 作為行政長官，我現根據《基本法》第四十五條、第六十八條、附件一、附件二和 2004 年 4 月 6 日的《解釋》，提請人大常委會予以確定 2012 年行政長官產生辦法和立法會產生辦法可進行修改。

香港特別行政區行政長官
2007 年 12 月 12 日

全國人民代表大會常務委員會關於
香港特別行政區行政長官普選問題和
2016 年立法會產生辦法的決定

2014 年 8 月 31 日第十二屆全國人民代表大會

常務委員會第十次會議通過

第十二屆全國人民代表大會常務委員會第十次會議審議了香港特別行政區行政長官梁振英 2014 年 7 月 15 日提交的《關於香港特別行政區 2017 年行政長官及 2016 年立法會產生辦法是否需要修改的報告》，並在審議中充分考慮了香港社會的有關意見和建議。

會議指出，2007 年 12 月 29 日第十屆全國人民代表大會常務委員會第三十一次會議通過的《全國人民代表大會常務委員會關於香港特別行政區 2012 年行政長官和立法會產生辦法及有關普選問題的決定》規定，2017 年香港特別行政區第五任行政長官的選舉可以實行由普選產生的辦法；在行政長官實行普選前的適當時候，行政長官須按照香港基本法的有關規定和《全國人民代表大會常務委員會關於〈中華人民共和國香港特別行政區基本法〉附件一第七條和附件二第三條的解釋》，就行政長官產生辦法的修改問題向全國人民代表大會常務委員會提出報告，由全國人民代表大會常務委員會確定。2013 年 12 月 4

日至 2014 年 5 月 3 日，香港特別行政區政府就 2017 年行政長官產生辦法和 2016 年立法會產生辦法進行了廣泛、深入的公眾諮詢。諮詢過程中，香港社會普遍希望 2017 年實現行政長官由普選產生，並就行政長官普選辦法必須符合香港基本法和全國人大常委會有關決定、行政長官必須由愛國愛港人士擔任等重要原則形成了廣泛共識。對於 2017 年行政長官普選辦法和 2016 年立法會產生辦法，香港社會提出了各種意見和建議。在此基礎上，香港特別行政區行政長官就 2017 年行政長官和 2016 年立法會產生辦法修改問題向全國人大常委會提出報告。會議認為，行政長官的報告符合香港基本法、全國人大常委會關於香港基本法附件一第七條和附件二第三條的解釋以及全國人大常委會有關決定的要求，全面、客觀地反映了公眾諮詢的情況，是一個積極、負責、務實的報告。

會議認為，實行行政長官普選，是香港民主發展的歷史性進步，也是香港特別行政區政治體制的重大變革，關係到香港長期繁榮穩定，關係到國家主權、安全和發展利益，必須審慎、穩步推進。香港特別行政區行政長官普選源於香港基本法第四十五條第二款的規定，即"行政長官的產生辦法根據香港特別行政區的實際情況和循序漸進的原則而規定，最終達至由一個有廣泛代表性的提名委員會按民主程序提名後普選產生的目標。"制定行政長官普選辦法，必須嚴格遵循香港基本法有關規定，符合"一國兩制"的原則，符合香港特別行政區的法律地位，兼顧社會各階層的利益，體現均衡參與，有利於資本主義經濟發展，循序漸進地發展適合香港實際情況的民主制度。鑒於香港社會對如何落實香港基本法有關行政長官普選的規定存在較大爭議，全國人大常委會對正確實施香港基本法和決定行政長官產生辦法負有憲制責任，有必要就行政長官普選辦法的一些核心問題作出規定，以促進香港社會凝聚共識，依法順利實現行政長官普選。

會議認為，按照香港基本法的規定，香港特別行政區行政長官既要對香港特別行政區負責，也要對中央人民政府負責，必須堅持行政長官由愛國愛港人士擔任的原則。這是"一國兩制"方針政策的基本要求，是行政長官的法律地位和重要職責所決定的，是保持香港長期繁榮穩定，維護國家主權、安全和發展利益的客觀需要。行政長官普選辦法必須為此提供相應的制度保障。

會議認為，2012年香港特別行政區第五屆立法會產生辦法經過修改後，已經向擴大民主的方向邁出了重大步伐。香港基本法附件二規定的現行立法會產生辦法和表決程序不作修改，2016年第六屆立法會產生辦法和表決程序繼續適用現行規定，符合循序漸進地發展適合香港實際情況的民主制度的原則，符合香港社會的多數意見，也有利於香港社會各界集中精力優先處理行政長官普選問題，從而為行政長官實行普選後實現立法會全部議員由普選產生的目標創造條件。

鑒此，全國人民代表大會常務委員會根據《中華人民共和國香港特別行政區基本法》、《全國人民代表大會常務委員會關於〈中華人民共和國香港特別行政區基本法〉附件一第七條和附件二第三條的解釋》和《全國人民代表大會常務委員會關於香港特別行政區2012年行政長官和立法會產生辦法及有關普選問題的決定》的有關規定，決定如下：

一、從 2017 年開始，香港特別行政區行政長官選舉可以實行由普選產生的辦法。

二、香港特別行政區行政長官選舉實行由普選產生的辦法時：

（一）須組成一個有廣泛代表性的提名委員會。提名委員會的人數、構成和委員產生辦法按照第四任行政長官選舉委員會的人數、構成和委員產生辦法而規定。

（二）提名委員會按民主程序提名產生二至三名行政長官候選人。每名候選人均須獲得提名委員會全體委員半數以上的支持。

（三）香港特別行政區合資格選民均有行政長官選舉權，依法從行政長官候選人中選出一名行政長官人選。

（四）行政長官人選經普選產生後，由中央人民政府任命。

三、行政長官普選的具體辦法依照法定程序通過修改《中華人民共和國香港特別行政區基本法》附件一《香港特別行政區行政長官的產生辦法》予以規定。修改法案及其修正案應由香港特別行政區政府根據香港基本法和本決定的規定，向香港特別行政區立法會提出，經立法會全體議員三分之二多數通過，行政長官同意，報全國人民代表大會常務委員會批准。

四、如行政長官普選的具體辦法未能經法定程序獲得通過，行政長官的選舉繼續適用上一任行政長官的產生辦法。

五、香港基本法附件二關於立法會產生辦法和表決程序的現行規定不作修改，2016 年香港特別行政區第六屆立法會產生辦法和表決程序，繼續適用第五屆立法會產生辦法和法案、議案表決程序。在行政長官由普選產生以後，香港特別行政區立法會的選舉可以實行全部議員由普選產生的辦法。在立法會實行普選前的適當時候，由普選產生的行政長官按照香港基本法的有關規定和《全國人民代表大會常務委員會關於〈中華人民共和國香港特別行政區基本法〉附件一第七條和附件二第三條的解釋》，就立法會產生辦法的修改問題向全國人民代表大會常務委員會提出報告，由全國人民代表大會常務委員會確定。

會議強調，堅定不移地貫徹落實"一國兩制"、"港人治港"、高度自治方針政策，嚴格按照香港基本法辦事，穩步推進 2017 年行政長官由普選產生，是中央的一貫立場。希望香港特別行政區政府和香港社會各界依照香港基本法和本決定的規定，共同努力，達至行政長官由普選產生的目標。

全國人民代表大會常務委員會

張德江委員長

關於香港特別行政區二零一七年行政長官及二零一六年立法會產生辦法是否需要修改的報告

　　根據 2004 年 4 月 6 日通過的《全國人民代表大會常務委員會關於〈中華人民共和國香港特別行政區基本法〉附件一第七條和附件二第三條的解釋》(《解釋》)，《中華人民共和國香港特別行政區基本法》(《基本法》) 附件一、附件二關於香港特別行政區行政長官的產生辦法、立法會的產生辦法是否需要進行修改，應由香港特別行政區行政長官向全國人民代表大會常務委員會 (全國人大常委會) 提出報告，由全國人大常委會依照《基本法》第四十五條及第六十八條規定，根據香港特別行政區的實際情況和循序漸進的原則確定。

　　2.《基本法》第四十五條及第六十八條和《基本法》附件一及附件二，規定了行政長官和立法會的產生辦法，並且進一步規定根據香港特區的實際情況和循序漸進的原則，最終達至行政長官由一個有廣泛代表性的提名委員會按民主程序提名後普選產生和立法會全部議員普選產生的目標。

　　3. 自特區成立以來，香港的政制一直按照《基本法》的規定，循序漸進地朝着普選的最終目標發展。回歸十年後，第三屆特區政府在 2007 年 7 月發表《政制發展綠皮書》，就有關行政長官及立法會普選方案、路線圖和時間表諮詢公眾的意見。同年 12 月，時任行政長官向全國人大常委會提交報告，如實反映了在公眾諮詢期內從社會各方面收集到關於普選的意見。在審議行政長官提交的報告後，全國人大常委會於 2007 年 12 月 29 日通過《關於香港特別行政區 2012 年行政長官和立法會產生辦法及有關普選問題的決定》（《決定》），確立了普選時間表。根據此《決定》，2017 年香港特別行政區第五任行政長官的選舉可以實行由普選產生的辦法；在行政長官由普選產生以後，香港特別行政區立法會的選舉可以實行全部議員由普選產生的辦法。《決定》還提出，根據《基本法》第四十五條的規定，在香港特別行政區行政長官實行普選產生的辦法時，須組成一個有廣泛代表性的提名委員會。提名委員會可參照《基本法》附件一有關選舉委員會的現行規定組成。提名委員會須按照民主程序提名產生若干名行政長官候選人，由香港特別行政區全體合資格選民普選產生行政長官人選，報中央人民政府任命。

4. 特區政府就 2012 年行政長官及立法會選舉提出的建議方案，在 2010 年夏季先後獲立法會全體議員三分之二多數通過、行政長官同意，以及全國人大常委會批准和備案。2012 年政改方案的成功落實大幅提高了兩個選舉辦法的民主成分。

5. 根據《基本法》和全國人大常委會 2007 年的《決定》，在 2017 年落實行政長官由普選產生，是本屆特區政府承擔的一項重要憲制責任。中央和特區政府在過去不斷重申，如期依法實現行政長官由普選產生的立場是明確和堅定的。隨着全國人大常委會在 2007 年對普選時間表的確立，社會各界普遍殷切期待能如期於 2017 年依法落實普選，實現全港合資格選民以"一人一票"方式選出下任行政長官的願望。本屆特區政府深切體會到，落實普選行政長官，不只是選舉制度和規則的改變，而是一項重大的政治變革。根據《基本法》，行政長官是香港特別行政區的首長，代表香港特別行政區，對中央人民政府和香港特別行政區負責。行政長官具有重要憲制地位，依照《基本法》的規定履行憲制權責，貫徹落實"一國兩制"、"港人治港"和高度自治的基本方針政策。實現普選行政長官是香港政制民主發展的重要里程碑，具有重大現實影響和歷史意義。與此同時，我們理解香港市民對如何落實普選行政長官有不同意見和建議，在某些關鍵議題上立場有不少分歧。不過，總的來說，香港市民大眾仍然希望可以在 2017 年邁出重要一步，落實"一人一票"普選行政長官，這也是中央和特區政府的共同願望。本屆特區政府承擔的憲制責任是既要滿足市民的期望，也要成功推動落實普選，使"一國兩制"方針政策和《基本法》得以更好地貫徹落實，以有效維護香港的長期繁榮穩定和市民的整體福祉。

6. 特區政府於 2013 年 10 月 17 日宣佈成立由政務司司長領導，律政司司長和政制及內地事務局局長為成員的政改諮詢專責小組（專責小組），負責處理 2017 年行政長官及 2016 年立法會產生辦法的公眾諮詢工作。特區政府隨後在 2013 年 12 月 4 日發表《二零一七年行政長官及二零一六年立法會產生辦法諮詢文件》（《諮詢文件》），就兩個產生辦法的相關議題，廣泛收集社會各界意見，諮詢期為五個月,至 2014 年 5 月 3 日結束。

7.《諮詢文件》詳述了香港特別行政區政制發展的憲制基礎及政治體制的設計原則,並且指出,達至最終普選目標的過程,以及在落實 2017 年行政長官及 2016 年立法會產生辦法時,必須嚴格按照《基本法》和全國人大常委會的相關解釋及決定,以及顧及:

(i)　香港特別行政區的獨特憲制及法律地位;

(ii)　中央對香港特別行政區的政治體制發展的憲制決定權力;

(iii)　香港特別行政區政治體制設計的四項主要原則,包括兼顧社會各階層利益、有利於資本主義經濟的發展、符合循序漸進的原則及適合香港實際情況;以及

(iv)　修改 2017 年行政長官及 2016 年立法會產生辦法須遵從的法定程序。

8.《諮詢文件》亦重申,在處理 2017 年行政長官及 2016 年立法會產生辦法時,我們須充分考慮以下三方面:

(i)　方案必須嚴格符合《基本法》和全國人大常委會的相關解釋及決定;

(ii)　方案有可能得到香港多數市民支持,有可能得到立法會全體議員三分之二多數支持,及有可能獲得全國人大常委會的批准或備案;以及

(iii)　方案所訂立的選舉程序在具體操作上應是實際可行,簡潔易明,方便選民行使投票權,並能維持一個公開、公平及公正的選舉制度。

公眾諮詢工作

9. 在五個月的公眾諮詢期內，我們透過不同渠道進行廣泛有序的公眾諮詢，收集立法會、區議會、社會不同界別的團體和人士，以及市民大眾就《諮詢文件》所臚列的議題的意見。在諮詢期間，我們共收到約 124700 份來自不同團體和個別人士的書面意見。

10. 為了推動社會各界對兩個產生辦法相關的議題作進一步討論，專責小組直接聽取公眾及地區人士的意見，包括：出席了立法會政制事務委員會的特別會議和 18 區區議會的相關會議，聽取立法會議員和區議員對有關議題的意見；出席了立法會的公聽會，聽取 277 個團體和個別人士對相關議題的意見；與大部分立法會功能界別及選舉委員會界別分組的人士會面；及出席了多個由不同團體舉辦的論壇和座談會，聽取他們對兩個產生辦法的意見。在五個月的諮詢期間，專責小組共出席了 226 場諮詢及地區活動。

意見歸納

11. 專責小組已向我提交《二零一七年行政長官及二零一六年立法會產生辦法公眾諮詢報告》，並在該報告內詳細交代了有關兩個產生辦法所收集到的意見。我確認這份報告和同意向公眾發表。就諮詢報告內載附的意見，我有以下的觀察和總結：

整體意見

(i) 香港社會普遍殷切期望於 2017 年落實普選行政長官。

(ii) 社會大眾普遍認同在《基本法》和全國人大常委會的相關解釋及決定的基礎上，理性務實討論，凝聚共識，落實普選行政長官。

(iii) 社會大眾普遍認同於 2017 年成功落實普選行政長官對香港未來施政、經濟和社會民生，以至保持香港的發展及長期繁榮穩定，有正面作用。

(iv) 社會大眾普遍認同行政長官人選須 "愛國愛港"。

行政長官產生辦法

(v) 主流意見認同《基本法》第四十五條已明確規定提名權只授予提名委員會，提名委員會擁有實質提名權，其提名權不可被直接或間接地削弱或繞過。

(vi) 就提名委員會的組成，較多意見認同提名委員會應參照目前的選舉委員會的組成方式，即由四大界別同比例組成，以達到廣泛代表性的要求。同時，有不少意見認為提名委員會可按比例適量增加議席，藉此吸納新的界別分組或提高現有界別分組的代表性；但也有不少意見認為提名委員會的人數應維持在目前選舉委員會的委員數目，即 1200人，如需作出增加，也不應超過 1600 人。

（vii）就提名委員會如何按"民主程序"提名行政長官候選人，有多種不同意見。有意見認為提名程序可分為兩個階段，第一階段先經由一定數目提名委員會委員推薦參選人，第二階段再由提名委員會從參選人當中提名若干名候選人。有不少意見認為參選人須至少獲得一定比例提名委員會委員的支持才可正式成為候選人，藉以證明該參選人具有提名委員會內跨界別的支持、體現"少數服從多數"的民主原則，並符合提名委員會作為一個機構作出提名的要求。有一些意見則認為應維持現行選舉委員會的八分之一提名門檻。亦有一些團體和人士提出其他提名門檻和提名程序的建議，當中包括在提名委員會之外引入"公民提名"、"政黨提名"等建議。

（viii）就行政長官候選人數目，主要有兩大類意見。一類意見提出為了確保選舉的莊嚴性及能夠讓選民對候選人的政綱和理念有充分認識，有需要設定候選人數目；另一類意見則認為毋須就候選人數目設限。在提出需要設定候選人數目的意見中，因應過去行政長官選舉的候選人數目大致在 2 至 3 人左右，有些意見提議可將候選人數目定為 2 至 3 人；亦有部分意見提出其他數目。

（ix）就普選行政長官方式，有相對較多意見認為應舉行兩輪投票，以增加當選人的認受性；但亦有部分意見認為應只舉行一輪投票，以簡單多數制選出行政長官當選人。

<u>立法會產生辦法</u>

(x) 社會大眾普遍認同由於成功落實 2017 年普選行政長官乃普選立法會目標的先決條件，目前應集中精力處理好普選行政長官的辦法。另外，由於 2012 年立法會產生辦法已作出較大變動，故此普遍意見認同就 2016 年立法會產生辦法毋須對《基本法》附件二作修改。

結論及建議

12. 香港社會各界普遍期望能如期依法落實普選行政長官，特區政府成立專責小組及發表《諮詢文件》，以開放、兼聽和務實的態度聆聽社會各界不同意見和建議，目的是希望社會能理性討論，凝聚共識，如期落實《基本法》所確立的行政長官普選目標。這次公眾諮詢結果顯示，香港市民就 2017 年行政長官及 2016 年立法會產生辦法相關議題上的討論，表現出理性和務實的態度。香港社會普遍期望特區的選舉制度能進一步民主化，並按照《基本法》和全國人大常委會的相關解釋及決定，如期落實 2017 年行政長官普選的目標及做好 2016 年立法會選舉的工作。

13. 諮詢期內香港市民對如何落實普選行政長官有不同意見和建議，在某些關鍵議題上立場有不少分歧。此外，我亦注意到在首輪諮詢期過後，仍有不少團體及市民透過不同方式及途徑表達他們對落實

2017年普選行政長官的意願和訴求，這些意見仍有不少分歧。政制發展議題十分複雜，社會上就具體方案有不同意見及爭論是可以理解的。我認為廣大市民對如期達至普選目標的期盼與中央及特區政府是一致的。香港廣大市民都會認同，要成功落實普選，必須以《基本法》和全國人大常委會的相關解釋及決定制訂具體方案。特區政府會在下一階段的諮詢工作，力求社會各界和立法會議員以和平、理性、務實的方式，收窄分歧、求同存異，共同為落實普選目標努力。

14. 值得注意的是，在提名程序這關鍵議題方面，雖然在諮詢期內已有法律專業團體和其他社會人士指出＂公民提名＂不符合《基本法》的規定，但有不少香港市民在諮詢期結束後仍然認為普選行政長官的提名程序應包括＂公民提名＂這元素在內。

15. 經全面考慮立法會、區議會、不同界別的團體和人士，以及市民的意見後，我認為香港社會普遍期望能先在2017年落實普選行政長官，以至全港五百多萬的合資格選民可於2017年以＂一人一票＂方式選出下任行政長官，為香港的政制發展邁出最重要一步。普遍意見亦認為應先集中精力處理好2017年普選行政長官，把握如期落實普選行政長官的機會，2016年立法會產生辦法無須對《基本法》附件二作修改。在落實2017年普選行政長官後，社會再專注討論如何實現《基本法》第六十八條所規定，最終達至全部立法會議員由普選產生的目標，完成這歷史性工作。

16. 因此，我認為2017年行政長官產生辦法有需要進行修改，以實現普選目標。2016年立法會產生辦法無須對《基本法》附件二作修改。我謹根據《基本法》第四十五條、第六十八條及附件一、附件二和 2004 年全國人大常委會的《解釋》，提請全國人大常委會就 2017 年行政長官及 2016 年立法會產生辦法是否需要修改問題作出決定。

香港特別行政區行政長官
梁振英
2014 年 7 月 15 日

全國人民代表大會常務委員會關於批准《內地與香港特別行政區關於在廣深港高鐵西九龍站設立口岸實施"一地兩檢"的合作安排》的決定

2017 年 12 月 27 日第十二屆全國人民代表大會
常務委員會第三十一次會議通過

　　第十二屆全國人民代表大會常務委員會第三十一次會議審議了國務院關於提請審議《關於批准〈內地與香港特別行政區關於在廣深港高鐵西九龍站設立口岸實施"一地兩檢"的合作安排〉的決定（草案）》的議案。全國人民代表大會常務委員會在審議中充分考慮了香港特別行政區和內地各有關方面對廣深港高鐵連接口岸設置及通關查驗模式的意見。

　　會議認為，建設廣深港高鐵並實現香港特別行政區與全國高鐵網絡的互聯互通，有利於促進香港特別行政區與內地之間的人員往來和經貿活動，有利於深化香港特別行政區與內地的互利合作，有利於香港特別行政區更好地融入國家發展大局，對保持香港特別行政區長期繁榮穩定具有重要意義。為充分發揮高鐵高速高效優勢，使廣大乘客充分享受快捷便利的服務，確保廣深港高鐵香港段的運輸、經濟和社會效益，在廣深港高鐵香港特別行政區西九龍站（以下簡稱西九龍站）實施"一地兩檢"，設立內地口岸區，專門用於高鐵乘客及其隨身物品和行李的通關查驗，是必要的。

　　會議認為，《合作安排》符合"一國兩制"方針，符合憲法和香港特別行政區基本法。根據憲法，香港特別行政區基本法授權香港特別行政區實行高度自治，包括實行單獨的出入境管理制度等。香港特別行政區政府與內地有關方面就在西九龍站設立口岸並實施"一地兩檢"的相關問題協商作出適當安排，是香港特別行政區依法行使高度自治權的具體體現。在西九龍站設立內地口岸區，不改變香港特別行政區行政區域範圍，不影響香港特別行政區依法享有的高度自治權，不減損香港特別行政區居民依法享有的權利和自由。出於在西九龍站實施"一地兩檢"的需要，《合作安排》對內地和香港特別行政區管轄權（包括司法管轄權）劃分和法律適用作出規定，並明確西九龍站內地口岸區視為處於內地，是適當的。內地派駐西九龍站內地口岸區的機構依照內地法律履行職責，其範圍嚴格限制在內地口岸區之內，不同於香港特別行政區基本法第十八條規定的將全國性法律在整個香港特別行政區實施的情況。西九龍站內地口岸區場地使用權的取得、期限和費用由香港特別行政區政府與內地有關機構簽訂合同作出規定，符合香港特別行政區基本法第七條關於香港特別行政區土地所有權和使用管理的規定。在西九龍站實施"一地兩檢"，符合香港特別行政區基本法關於香港特別行政區政府應當制定適當政策促進和協調各行業發展、提供適當的經濟和法律環境促進經濟發展等規定，符合

"一國兩制"方針和香港特別行政區基本法的根本宗旨。

根據《中華人民共和國憲法》和《中華人民共和國香港特別行政區基本法》，全國人民代表大會常務委員會決定：

一、批准 2017 年 11 月 18 日廣東省人民政府與香港特別行政區政府簽署的《合作安排》，並確認《合作安排》符合憲法和香港特別行政區基本法。

香港特別行政區應當立法保障《合作安排》得以落實。

二、西九龍站內地口岸區的設立及具體範圍，由國務院批准。

西九龍站內地口岸區自啟用之日起，由內地依照內地法律和《合作安排》實施管轄，並派駐出入境邊防檢查機關、海關、檢驗檢疫機構、口岸綜合管理機構和鐵路公安機關依法履行職責，上述機構及其人員不在西九龍站內地口岸區以外區域執法。

三、西九龍站口岸啟用後，對《合作安排》如有修改，由國務院批准，並報全國人民代表大會常務委員會備案。

關於對《關於批准〈內地與香港特別行政區關於在廣深港高鐵西九龍站設立口岸實施"一地兩檢"的合作安排〉的決定（草案）》的説明

2017 年 12 月 22 日在第十二屆全國人民代表大會
常務委員會第三十一次會議上

國務院港澳事務辦公室主任　張曉明

委員長、各位副委員長、秘書長、各位委員：

我受國務院委託，現對《關於批准〈內地與香港特別行政區關於在廣深港高鐵西九龍站設立口岸實施"一地兩檢"的合作安排〉的決定（草案）》作如下説明：

一、基本情況

廣深港高鐵是內地與香港特別行政區大型基礎設施建設重大合作項目，其中，由香港特別行政區政府投資興建的香港段將於 2018 年第三季度建成通車。為實現香港特別行政區與全國高鐵網絡互聯互通，保障廣深港高鐵香港段的運輸、經濟和社會效益最大化，中央有關部門、廣東省人民政府與香港特別行政區政府經反覆研究，並參考了此前在廣東省深圳灣設立內地口岸區和港方口岸區並實施"一地兩檢"的模式，一致認為，在廣深港高鐵香港特別行政區西九龍站（以下簡稱西九龍站）設立口岸並實施"一地兩檢"是最佳方案。該方案的主要內容是，在西九龍站設立口岸，分為香港口岸區和內地口岸區，由雙方分別按照各自法律，對乘坐高鐵往來於內地與香港特別行政區的人員及其隨身物品和行李，進行出入境邊防檢查、海關監管、檢驗檢疫等出入境監管。鑒於在西九龍站實施"一地兩檢"涉及在香港特別行政區區域內設立內地口岸區以及內地與香港特別行政區管轄權（包括司法管轄權）的劃分和法律適用，需要根據《中華人民共和國香港特別行政區基本法》明確相應的法律依據和具體實施辦法，中央有關部門和香港特別行政區政府經過深入研究後同意採取"三步走"程序作出有關安排，即：第一步，內地和香港特別行政區簽署《內地與香港特別行政區關於在廣深港高鐵西九龍站設立口岸實施"一地兩檢"的合作安排》（以下簡稱《合作安排》）；第二步，由國務院提請全國人大常委會批准《合作安排》；第三步，雙方通過各自法律程序落實《合作安排》。經國務院授權，2017 年 11 月 18 日，廣東省人民政府省長馬興瑞代表內地與香港特別行政區行政長官林鄭月娥正式簽署了《合作安排》，完成了"三步走"程序的第一步。

二、《合作安排》的主要內容

《合作安排》共 5 章 17 條正文和 1 個附件，主要內容包括：

一是規定口岸設置的相關事宜。明確在西九龍站設立香港口岸區和內地口岸區，實施"一地兩檢"；規定內地口岸區的範圍並明確在香港特別行政區境內的廣深港高鐵營運中的列車車廂也視作在內地口岸區範圍之內；明確內地口岸區場地使用權的取得、期限及費用等事宜由雙方簽訂合同作出規定。

二是規定內地口岸區的管轄權限。明確除了由香港特別行政區管轄的事項外，人員、物品的出入境監管和內地口岸區內的治安等其他所有事項均由內地根據內地法律實施管轄，並明確內地口岸區視為"處於內地"。內地將派駐出入境邊防檢查機關、海關、檢驗檢疫機構、口岸綜合管理機構和鐵路公安機關依法履行職責。香港特別行政區管轄的事項主要與運營管理西九龍站和高鐵香港段相關，包括有關香港特別行政區工作人員履行職務或與履行職務相關的事項，有關西九龍站建築物及相關設施的建設、保險和設計、維修養護標準和責任的事項，有關管理及監察廣深港高鐵香港段鐵路系統安全運作及環境管制的事項等六類。西九龍站的鐵路運輸服務管理也由香港特別行政區負責，並明確其應實行實名制售票、對乘客進行查驗和安檢。

三是規定聯絡協調與應急處理機制。雙方同意建立口岸協商聯絡機制、應急處理機制和聯絡員制度，定期安排聯合演練，並共同制定和簽署關於西九龍站口岸運行管理的協作實施方案。明確雙方在內地口岸區進行活動和處理突發、緊急事件等有關事項的相關原則。

四是規定爭議解決以及《合作安排》的修改、生效等其他相關事宜。《合作安排》規定，"本合作安排報中央人民政府提請全國人民代表大會常務委員會批准後生效"，"如因西九龍站口岸運行條件和監管發生變化或其他因素影響需對本合作安排進行修改，須經雙方協商達成一致後簽署書面文件，並報中央人民政府批准"。

《合作安排》附件包括西九龍站 B2 入境層、西九龍站 B3 離境層

226

和西九龍站 B4 月台層示意圖。

三、關於提請全國人大常委會審議批准《合作安排》的理由

在西九龍站實施"一地兩檢"，是"一國兩制"實踐中遇到的新情況。由於涉及在香港特別行政區區域內設立內地口岸區以及內地與香港特別行政區管轄權（包括司法管轄權）的劃分和法律適用，根據《中華人民共和國憲法》（以下簡稱憲法）和香港特別行政區基本法關於全國人大常委會地位和職權的規定，由全國人大常委會審議批准《合作安排》，明確《合作安排》符合"一國兩制"方針，符合憲法和香港特別行政區基本法，可為在西九龍站設立口岸實施"一地兩檢"進一步提供憲制性法律基礎，為國務院批准內地在西九龍站設立口岸並派駐機構依法履行職責提供法律依據。

為此，國務院港澳事務辦公室會同中央有關部門起草了提請全國人民代表大會常務委員會審議的《關於批准〈內地與香港特別行政區關於在廣深港高鐵西九龍站設立口岸實施"一地兩檢"的合作安排〉的決定（草案）》（以下簡稱決定草案）。決定草案已經國務院同意。

四、《合作安排》與香港特別行政區基本法有關條文的關係

鑒於香港社會對《合作安排》與香港特別行政區基本法有關條文的關係問題比較關注，現一併作出說明。

（一）香港特別行政區與內地簽署《合作安排》的權力來源。香港特別行政區政府與內地有關方面就在西九龍站設立口岸並實施"一地兩檢"的相關問題協商作出適當安排，不改變香港特別行政區行政區域範圍，不影響香港特別行政區依法享有的高度自治權，不減損

香港特別行政區居民依法享有的權利和自由，是符合香港特別行政區基本法規定的。根據憲法，香港特別行政區基本法授權香港特別行政區實行高度自治（第二條），實行單獨的出入境管理制度（第二十二條第四款、第一百五十四條第二款），香港特別行政區政府享有管理香港特別行政區境內的土地（第七條），提供經濟和法律環境以鼓勵投資、技術進步並開發新興產業（第一百一十八條），制定適當政策促進和協調各行業發展（第一百一十九條）等權力。因此，在香港特別行政區區域內設立口岸並實施"一地兩檢"，是落實香港特別行政區基本法規定的有關權力的體現，為香港特別行政區與內地協商簽署《合作安排》提供了法律基礎。也就是說，香港特別行政區依法享有的高度自治權，是其與內地作出上述"一地兩檢"安排的權力來源。

（二）與全國性法律在香港特別行政區實施有關規定的關係。香港特別行政區基本法第十八條規定，"全國性法律除列入本法附件三者外，不在香港特別行政區實施"，"任何列入附件三的法律，限於有關國防、外交和其他按本法規定不屬於香港特別行政區自治範圍的法律"。該條規定的是全國性法律延伸適用至整個香港特別行政區的情況，包括有關範疇及其適用途徑。具體說，就是該條規定中有關全國性法律實施的範圍是整個香港特別行政區，實施主體主要是香港特別行政區，適用對象是香港特別行政區的所有人。而在西九龍站內地口岸區實施全國性法律，其實施範圍只限於內地口岸區，實施主體是內地的有關機構，適用對象主要是處於內地口岸區的高鐵乘客。這種情況與香港特別行政區基本法第十八條所規定的在香港特別行政區實施全國性法律的情況不同，不存在抵觸香港特別行政區基本法第十八條規定的問題。《合作安排》還明確規定，就內地法律的適用以及管轄權的劃分而言，西九龍站內地口岸區被視為"處於內地"。全國人大常委會批准《合作安排》並作出決定，即可為全國性法律僅在西九龍站內地口岸區實施提供充足法律依據。

（三）與全國人大常委會有關授權條文的關係。香港特別行政區基本法第二十條規定，"香港特別行政區可享有全國人民代表大會和全國人民代表大會常務委員會及中央人民政府授予的其他權力"。有建議認為，全國人大常委會可據此授權在西九龍站設立口岸並實施"一地兩檢"。我們認為，《合作安排》涉及的法律問題比較複雜，需要通過"三步走"程序解決不同層面的法律問題。其中，全國人大常委會既要確認香港特別行政區依據其享有的高度自治權與內地協商簽署《合作安排》符合憲法和香港特別行政區基本法，又要授權內地在西九龍站設立內地口岸區並派駐機構依照內地法律履行職務，採用作出批准決定的方式，更為適當。

五、國務院的審核意見

國務院經審核認為，在西九龍站實施"一地兩檢"有利於實現香港特別行政區與全國高鐵網絡的互聯互通及廣深港高鐵香港段的運輸、經濟、社會效益最大化，有利於促進香港特別行政區與內地之間的人員往來和經貿活動，有利於深化香港特別行政區與內地的互利合作，有利於香港特別行政區更好地融入國家發展大局，對於保持香港特別行政區長期繁榮穩定具有重要意義。《合作安排》充分考慮了內地和香港特別行政區有關方面的關切，符合"一國兩制"方針，符合憲法和香港特別行政區基本法，適應西九龍站設立口岸的實際需要，可以保障內地口岸區運行管理的安全、順暢、有效。

《關於批准〈內地與香港特別行政區關於在廣深港高鐵西九龍站設立口岸實施"一地兩檢"的合作安排〉的決定（草案）》和以上説明是否妥當，請審議。